크리스천 채식주의자

세움북스는 기독교 가치관으로 교회와 성도를 건강하게 세우는 바른 책을 만들어 갑니다.

크리스천 채식주의자

《채식주의자》가 던진 질문에 대한 기독교적 성찰

초판 1쇄 발행 2024년 12월 10일

지은이 | 장대은
펴낸이 | 강인구

펴낸곳 | 세움북스
등 록 | 제2014-000144호
주 소 | 서울시 종로구 대학로 19 한국기독교회관 1010호
전 화 | 02-3144-3500
이메일 | holy-77@daum.net

교 정 | 이윤경
디자인 | 참디자인

ISBN 979-11-93996-31-7 [03230]

크리스천
채식주의자

장대은 지음

세움북스

프롤로그

우리는 종종 세상을 이분법적으로 나누곤 합니다. 믿음이 있는 자와 없는 자, 의로운 자와 죄인, 구원받은 자와 그렇지 못한 자. 이러한 구분은 때로 우리에게 안정감을 주고 정체성을 확립하는 데 도움이 되기도 합니다. 하지만 이런 구분이 우리의 시야를 좁히고, 하나님의 형상으로 지어진 모든 인간의 복잡성과 깊이를 간과하게 만들지는 않았는지 돌아보아야 할 때입니다.

한강 작가의 소설 《채식주의자》는 우리에게 이러한 성찰의 기회를 제공합니다. 이 작품은 단순히 한 여성이 육식을 금하고 채식주의자로서의 삶을 선택한 것에 관한 이야기가 아닙니다. 그것은 인간의 본질, 사회의 폭력성, 그리고 개인의 자유와 존엄성에 대한 깊은 탐구입니다. 주인공 영혜가 겪는 고통과 소외, 그리고 그녀를 둘러싼 사람들의 반응은 우리 크리스천 공동체 안에서도 어렵지 않게 발견할 수 있는 모습들입니다.

영혜가 채식을 선택한 이유는 단순한 식습관의 변화가 아닙니다. 그것은 폭력과 억압, 고통으로 가득 찬 세상에 대한 저항이자, 자신의 존재 방식에 대한 근본적인 질문입니다. 그녀는 꿈에서 본 피와 살점의 이미지에 압도되어 더 이상 육식을 할 수 없게 됩니다. 이는 그녀가 겪어 온 정신적, 신체적 폭력에 대한 거부로 볼 수 있습니다. 보여지는 소설 속 영혜의 선택은 쓰여지지 않은 그의 과거 인생에 켜켜이 쌓여 온 고통과 그로 인한 상처가 터져 나온 것이라 짐작할 수 있습니다.

그러나 영혜의 선택은 주변 사람들에게 이해받지 못합니다. 가족들은 그녀의 결정을 비정상적이고 병적인 것으로 취급합니다. 심지어 물리적인 폭력을 동원해 그녀의 의지를 꺾으려 합니다.

이러한 모습은 우리 크리스천 공동체에서도 종종 볼 수 있는 광경이 아닐까요? 우리는 얼마나 자주 '다름'을 인정하지 못하고 '옳다고 믿는 것'을 강요해 왔습니까? 보여지는 '다름'을 '틀림'으로 간주하고 교정하려는 시도를 사랑의 이름으로 행하고 있지는 않은지요?

영혜의 이야기는 우리에게 불편한 진실을 들려줍니다. 그것은 우리가 진리라 믿는 것이 때로는 폭력의 도구가 될 수 있다는 것입니다. 우리는 종종 하나님의 이름으로, 사랑의 이름으로 타인의 자유와 존엄성을 침해합니다. 영혜의 아버지, 남편, 형부가 그녀에게 가한 폭력은 우리가 '사랑'이라는 이름으로 행하는 강요와 얼마나 다를까요?

우리는 종종 세상의 기준과 우리만의 척도로 타인을 재단합니다. 그러나 그 순간 우리는 하나님의 형상대로 지어진 인간의 존엄성을 훼손하고 있는 것은 아닐까요? 진리라는 잣대를 들고 타인을 판단할 때, 우리는 그 잣대로 사랑이 아닌 폭력을 행사하고 있는 것은 아닐까요?

《채식주의자》를 읽으며 우리는 불편함을 느낍니다. 그 불편함의 근원은 어쩌면 우리 안에 있는 폭력성을 마주하게 되기 때문일 것입니다. 소설 속 아버지의 모습, 남편의 태도, 형부의 집착, 그리고 어머니의 소극적인 방관은 모두 우리 안에 있는 모습들입니다. 우리는 얼마나 자주 타인의 고통을 외면하고, 우리의 기준으로 그들을 판단하며, 우리의 방식대로 그들을 '구원'하려 했습니까?

《채식주의자》의 영혜처럼 우리 주변에는 고통받고 소외된 이들이 많습니다. 그들은 우리의 교회 안에도, 밖에도 있습니다. 그들의 목소리는 종종 우리의 편견과 고정관념에 의해 묵살되곤 합니다. 우리는 그들의 이야기를 듣고 있습니까, 아니면 우리의 '진리'로 그들을 재단하고 있습니까?

《크리스천 채식주의자》는 한강의 《채식주의자》에 대해 분석하며 평가하는 책이 아닙니다. 그 책을 읽고 주인공들의 모습 속에 보이는 우리 모습을 거울삼아 크리스천으로서의 자리를 돌아보고자 하는 시도입니다. 이는 우리의 신앙을 부정하거나 비난하기 위함이 아닙니다. 오히려 우리의 신앙이 얼마나 깊고 넓은 것인지, 그리고 우리가 얼마나 자주 그 깊이와 넓이를 제한하고 있는지를 성찰하기 위함입니다.

이 책을 통해 우리는 크리스천으로서의 정체성을 다시 한번 생각해 보고자 합니다. 우리가 믿는 하나님은 과연 어떤 분이신지, 그분이 우리에게 원하시는 삶은 무엇인지, 그리고 우리가 어떻게 그 뜻을 실천할 수 있을지를 고민해 보고자 합니다.

이 책은 우리가 진정한 크리스천으로 살아가는 것이 무엇인지에 대한 깊은 성찰의 여정이 될 것입니다. 그것은 때로는 불편하고, 때로는 고통스러운 과정이 될 수 있습니다. 그러나 이러한 성찰 없이는 우리의 신앙은 공허한 외침에 불과할 것입니다.

우리는 이 책을 통해 더 넓은 시야와 더 깊은 이해를 갖춘 크리스천이 되기를 희망합니다. 우리와 다른 이들의 고통을 이해하고 그들의 목소리에 귀 기울이며, 진정한 사랑과 연민을 실천하는 크리스천 말입니다. 그것이 바로 예수님이 우리에게 보여 주신 삶의 방식이 아니었을까요?

우리의 신앙, 우리의 삶, 그리고 우리가 맺고 있는 관계에 대한 깊은 성찰의 여정을 통해 우리가 더욱 성숙한 크리스천으로 성장할 수 있기를, 그리고 그 과정에서 하나님의 사랑과 지혜를 더욱 깊이 체험할 수 있기를 소망합니다.

이제, 함께 이 여정을 시작해 봅시다. 우리 안의 '영혜', 우리 주변의 '영혜'들에게 귀 기울이며, 상처받아 아파하는 '크리스천 채식주의자'들에게 예수님이 보여 주신 참된 사랑의 손길을 내밀기를 기도합니다. 무엇보다 이 책을 읽는 가운데 우리가 주목하지 못했던 존재를 인식하게 될 것입니다. 그 대상으로서의 '크리스천 채식주의자'가 다른 어떤 이들이 아님에 놀랄 것입니다. 저와 독자, 우리 주변의 모든 이들일 수 있음도 알게 될 것입니다.

이 책을 읽고 크리스천으로서 오늘 우리가 해야 할 일이 무엇인지에 대한 실천적인 깨달음을 얻게 될 줄 믿습니다. 이것이 이 책을 쓴 목적입니다.

목차

1

—

채식주의자

〈채식주의자〉 내용 요약

《채식주의자》의 1부 〈채식주의자〉는 주인공 영혜의 갑작스러운 채식 선언으로 시작됩니다. 이 이야기는 영혜의 남편의 시점에서 서술됩니다.

영혜는 평범한 30대 여성으로, 특별할 것 없는 일상을 살아가고 있었습니다. 그녀의 남편은 그녀를 "별다른 특징이 없는" 여자로 묘사합니다. 그녀와 결혼한 것도 그녀에게 특별한 매력과 특별한 단점이 없는 무난함이 편안했기 때문이라고 이야기합니다.

그렇게 남편의 기대에 걸맞게 평범한 아내로서의 자리를 지키며 살던 영혜는 어느 날 밤, 끔찍한 꿈을 꾸고 난 후 갑자기 채식을 선언합니다.

그녀는 꿈에서 본 피와 살점의 이미지에 압도되어 더 이상 고기를 먹을 수 없다고 말합니다.

이러한 영혜의 결정은 그녀의 가족들에게 큰 충격을 줍니다. 특히 그녀의 남편은 이해할 수 없어 하며, 이를 단순한 변덕으로 여깁니다. 그는 영혜의 채식이 일시적인 것이길 바라지만 시간이 지나도 영혜의 결심은 변하지 않습니다.

영혜의 채식은 단순히 식습관의 변화를 넘어 그녀의 전체적인 생활 방식과 성격의 변화로 이어집니다. 그녀는 점점 더 내향적이 되고, 주변 사람들과의 소통을 거부하기 시작합니다. 그녀는 집에서뿐만 아니라 외부 모임에 참여할 때도 브라 착용하기를 거부하고, 화장을 하지 않으며, 점점 더 자연 그대로의 모습으로 돌아가려는 경향을 보입니다.

이런 변화는 가족 모임에서 극에 달합니다. 영혜

의 아버지는 그녀의 채식을 용납하지 못했고, 강제로 고기를 먹이려는 시도까지 하게 됩니다. 이 과정에서 물리적인 폭력이 동원되고, 영혜는 결국 자해를 하기에 이릅니다. 이 사건은 영혜의 가족 관계의 무너짐에 대한 신호탄이었으며 영혜는 더욱 고립되어 가기 시작합니다.

〈채식주의자〉 등장인물들

영혜 __ 주인공. 평범한 30대 여성이었으나, 반복되는 꿈을 계기로 채식주의자가 됩니다. 조용하고 순응적인 사람이었으나 갑작스러운 채식주의 선언 이후 이상한 행동이 동반되며 남편과 주변 사람들과의 원만한 관계가 무너져갑니다.

영혜의 남편(서술자) __ 평범한 회사원으로, 영혜를 '특별할 것 없는' 여자로 여기며 살아온 사람입니다. 그녀의 채식 결정을 단순한 변덕으로 취급하면서 아내의 변화를 이해하지 못하고 불편해합니다. 가족의 도움을 구하며 해결하려고 했지만 여러 사건을 거치며 결국 영혜와의 관계를 포기합니다.

영혜의 아버지 __ 권위적이고 폭력적인 성격의 소유자로 묘사됩니다. 영혜의 채식을 용납하지 않고 강제로 고기를 먹이려고 합니다. 가족 모임에서 영혜에게 물리적 폭력을 가합니다.

영혜의 어머니 __ 남편의 권위에 순응하는 편입니다. 영혜를 이해하려 노력하기보다는 그의 행동을 원하는 방향으로 고침으로 문제를 해결하려고 합니다. 남편의 물리적인 행동을 막지 못합니다.

영혜의 언니(인혜) __ 영혜를 걱정하고 돌보려 노력합니다.

영혜의 형부 __ 가족 모임에 등장하지만 영혜의 변화에 대해 특별한 의견을 내지 않습니다.

영혜의 남동생(영호) __ 다른 사람들과 같이 작은 누나를 이해하지 못합니다. 그는 아버지의 폭력적인 행동을 말리려고 시도하면서도 상황을 완전히 통제하지는 못합니다. 도리어 아버지의 명령에 따라 누나의 손을 붙잡아 아버지가 누나에게 억지로 고기를 먹이는 일에 일조합니다.

우리의 '채식' 순간

우리는 종종 신앙의 여정을 순탄하고 일직선적인 것으로 생각하곤 합니다. 어린 시절 주일학교에서 시작해 청년부를 거쳐 장년이 되어서도 변함없이 교회를 다니는 모습을 이상적인 크리스천의 삶으로 그려 왔습니다. 하지만 현실은 그리 단순하지 않습니다. 한강의 소설 《채식주의자》에서 영혜가 갑작스럽게 채식을 선언하는 순간처럼, 우리의 신앙 생활에도 예기치 못한 전환점이 찾아올 수 있습니다. 그러나 이 전환점은 항상 영적 각성이나 믿음의 성장으로 이어지는 것은 아닙니다. 때로는 깊은 의문과 회의, 그리고 결국 교회로부터의 이탈로 이어지기도 합니다.

영혜의 채식 선언이 그녀의 가족들에게 충격과

혼란을 안겨 준 것처럼, 신앙인의 갑작스러운 변화는 교회 공동체에 큰 파문을 일으킵니다. "가나안 성도"라는 용어의 등장은 이러한 현상을 잘 보여 줍니다. '안 나가'를 거꾸로 읽은 이 말은, 교회는 떠나지만 신앙은 포기하지 않은 이들을 가리키는 말입니다. 이는 단순히 몇몇 개인의 문제가 아닌, 한국 교회 전체가 직면한 심각한 도전입니다. 통계에 따르면 한국의 개신교인 중 상당수가 이러한 '가나안 성도'의 범주에 속한다고 합니다. 이들의 존재는 한국 교회 현실의 문제요, 우리에게 깊은 성찰을 요구하는 영적인 과제입니다.

이러한 변화의 순간은 단순한 일시적 감정이나 변덕이 아닙니다. 영혜의 채식이 오랜 시간을 지나오며 형성된 그녀의 내면 깊숙한 곳에서 우러나온 결정이었듯이, 신앙인의 교회 이탈 역시 오랜 시간 쌓여 온 의문과 갈등의 결과일 수 있습니다. 어쩌면 그들은 교회 안에서 경험한 모순과 아픔, 실망과 좌절로 인해 더 이상 그 공간에 있을 수 없다고 느꼈을지도 모릅니다. 혹은 교회의 가르침과 현실 세계 사이의 괴리를 견디기 힘들어했을 수도 있습니다. 우리는 이들의 선택을 단순히 '믿음이 약해져서' 혹은 '세상에 물들어서'라고 쉽게 판단해서는 안 됩니다.

안타깝게도, 많은 교회와 신앙인들이 이러한 변화의 순간을 맞이한 이들을 대하는 태도는 영혜의 가족들과 크게 다르지 않습니다. 이해하려 하기보다는 판단하고, 귀 기울이기보다는 비난하며, 포용하기보다는 배척하는 모습을 보입니다. 심지어 일부 교회에서는 이들을 '배교자'라 낙인찍기까지 합니다.

이러한 태도는 오히려 더 많은 이들을 교회로부터 멀어지게 만드는 악순환을 낳고 있습니다. 교회를 떠난 이들이 다시 돌아오고 싶어도, 이러한 차가운 시선과 판단이 그들의 발걸음을 막고 있음을 많은 그리스도인들이 모르고 있습니다. 그들에게 교회는 더 이상 안식과 위로의 장소가 아닙니다. 두려움과 상처의 공간으로 기억될 뿐입니다.

더욱 근본적인 문제는, 이러한 현상이 단순히 개인의 신앙 문제를 넘어 한국 교회 전체의 구조적인 문제를 드러내고 있다는 점입니다. 교회의 권위주의적 문화, 세속화된 모습, 사회 문제에 대한 무관심 또는 편향된 태도, 그리고 교리와 삶의 불일치 등이 많은 이들을 실망시키고 있습니다. 영혜가 육식을 거부한 것이 단순히 음식의 문제가 아니라 그녀가 경험한 폭력과 억압에 대한 거부였듯이 많은 이들의 교회 이탈 역시 믿음에 대한 부정이 아닌, 현재 한국 교회의 모습에 대한 근본적인 거부일 수 있습니다.

이제 우리는 이러한 현상을 단순히 개인의 신앙 약화로 치부할 것이 아니라, 교회 공동체 전체가 직면한 위기이자 도전으로 받아들여야 합니다. 영혜의 가족들이 그녀의 변화를 이해하려 노력하기보다는 강제로 고기를 먹이려 했거나 방관자의 입장에서 그러기를 독려했듯이, 우리도 '가나안 성도'들을 문제 대상자요 회개의 주체로 보고 단순히 교회로 돌아오게 하는 것에만 집중하고 있지는 않은지 돌아봐야 합니다.

이러한 사실 앞에서 우리는 자신에게 몇 가지 질문을 던져 보아야 합니다. 우리는 과연 예수님의 가르침대로 살고 있는가? 교회는 정말로 사랑과 용서, 포용의 공동체인가? 우리의 신앙은 현대 사회의 복잡한 문제를 안고 살아가는 크리스천들에게 어떤 답을 제시하고 있는가? 그리고 가장 중요한 것은, 우리는 신앙의 본질을 정말로 이해하고 실천하고 있는가?

이러한 질문들에 대한 진지한 고민과 성찰 없이는, 우리는 계속해서 더 많은 '영혜'들을 만들어 내고, 그들을 이해하지 못한 채 비난과 강요로 대할 뿐입니다. 진정한 신앙의 회복은 바로 이러한 크리스천의 자기 성찰에서 시작되어야 합니다. 우리가 먼저 변화하지 않는다면, 우리는 결코 변화하는 세상 속에서 신앙의 참된 의미와 복음의 향기를 전할 수 없을 것입니다.

이해받지 못하는 개인의 선택

영혜의 채식 선택이 그녀의 가족들에게 받아들여지지 않은 것처럼, 오늘날 많은 크리스천들이 자신의 신념과 선택으로 인해 교회 공동체 내에서도 소외를 경험하고 있습니다. 이는 단순히 '가나안 성도'의 문제를 넘어, 교회에 남아 있으면서도 깊은 고립감을 느끼는 이들의 현실을 반영합니다. 그들은 마치 영혜처럼, 상처받은 자의 소리 없는 외침처럼, 자신의 내면의 소리에 귀 기울이려 하지만 그 과정에서 주변의 이해를 얻지 못하고 있습니다.

우리는 신앙 공동체가 하나 된 모습을 가져야 한다고 배워 왔습니다. 같은 찬송을 부르고, 같은 성경 구절을 암송하며, 같은 교리를 믿는 믿음 안에서 어느 정도는 성공한 듯합니다. 그런데 그 하나 됨이 우리에게 익숙해서일까요? 때로는 우리의 믿음이 내면의 고백이 아닌 획일화된 보여짐에 빠져들 때가 있습니다. 이러한 '하나 됨'에 대한 강조는 표면적으로는 공동체의 일치를 추구하는 것처럼 보이지만, 실제로는 개인의 고유한 영성과 신앙 경험을 억압하는 결과를 낳기도 한다는 사실을 기억해야 합니다.

더욱 심각한 문제는 교회 내에서 소수의 의사 결정권자들이 다수 크리스천의 견해를 무시하는 현실입니다. 마치 영혜의 가족들이 그녀의 선택을 무시하고 강제로 그녀에게 고기를 먹이려 했던 것처럼, 일부 영향력 있는 이들이 자신들의 견해를 전체의 의견인 양 강요하는 경우가 많습니다. 이로 인해 열린 공동체여야 할 교회가 오히려 폐쇄적이고 권위주의적인 모습을 보이는 아이러니한 상황을 만들어 내곤 합니다.

이러한 환경 속에서 개인의 목소리는 점점 작아지고, 개인은 결국 침묵을 선택하게 됩니다. 소설 속 영혜가 자신의 선택에 대해 적극적으로 변호하지 않고 침묵했던 것은 가족들의 기준에 대한 수긍의 표시가 아니었습니다. 어찌할 수 없는 상황 속에서 소리 없는 아우성을 선택한 것이 유일한 선택지였을지도 모릅니다. 더 큰 문제는 이 침묵이 암묵적 동의로 해석되곤 한다는 것입니다. 심지어 믿음의 공동체 안에서는 침묵을 신앙과 믿음의 최선의 태도로 여기곤 합니다. "침묵은 금이다"라는 말이 교회 안에서는 "침묵은 순종이다"로 왜곡되어 해석되는 듯합니다.

이러한 분위기 속에서 신앙생활의 악순환은 시작됩니다. 개인의 의견이 무시되고 침묵이 강요되는 상황이 반복되면서, 점차 교인들은 자신의 생각을 표현하는 것을 두려워하게 됩니다. 그들은 '다름'이 인정받지 못하는 공동체 안에서 자신의 고유한 신앙 경험을 나누는 대신, 그저 정해진 답변을 되풀이하는 데 그치게 됩니다. 이는 마치 영혜가 자신의 내면의 소리를 무시하고 남편과 가족들이 원하는 대로 행동해 왔을 과거의 모습들과 다르지 않습니다.

이러한 과정을 통해 신앙 공동체는 서서히 그 본질을 잃어 갑니다. 다양성이 인정되지 않고, 진정한 대화와 소통이 부재한 공동체는 더 이상 성장할 수 없습니다. 마치 영혜의 가족이 그녀의 선택을 이해하려 하지 않음으로써 점점 그녀와의 관계가 멀어졌듯이, 교회도 개인의 목소리를 무시함으로써 점점 더 많은 이들을 소외시키고 있는 것입니다. 그 결과는 세상 속의 빛과 소금으로서의 존재가 아닌 세상으로부터 외면받고 소외받는 존재, 그들만의 리그에서 즐거워하고 만족하는 집단이 되어 가는 것입니다. 예수님께서 독사의 자식들이라 불렀던 그 당시 종교지도자들과 오늘 우리의 모습, 과연 무엇이 다르다고 할 수 있을까요?

예수님은 다양한 배경을 가진 제자들을 부르셨고, 초대 교회는 유대인과 이방인, 종과 자유인, 남자와 여자를 아우르는 포용적인 공동체를 이루었습니다. 그러나 오늘날 우리의 교회는 이러한 다양성을 얼마나 반영하고 있을까요? 우리는 '하나 됨'이라는 이름 아래 획일성을 강요하고 있지는 않은지 돌아보아야 합니다.

더욱이 이러한 문제는 단순히 교회 내부의 문제로 그치지 않습니다. 교회가 다양성을 인정하지 않고 개인의 목소리를 무시한다면, 그것은 결국 사회 속에서 교회의 역할과 영향력을 약화시키는 결과를 낳게 됩니다. 변화하는 세상 속에서 교회가 여전히 의미 있는 목소리를 내기 위해서는, 먼저 교회 내부에서부터 다양한 의견을 수용하고 건설적인 대화를 이어갈 수 있어야 합니다.

교회는 '이해받지 못하는 선택'을 한 이들을 향해 열린 자세를 가져야 합니다. 그들의 선택이 우리와 다르다고 해서 배척하거나 정죄하기보다는, 그 선택의 배경과 의미를 이해하려 노력해야 합니다. '틀림'을 용납하라는 것이 아닙니다. 이는 관용의 차원을 넘어, 우리 공동체를 더욱 풍성하고 건강하게 만드는 크리스천의 고민과 갈등, 기도의 과정이 필요함에 대한 강조입니다.

우리는 '하나 됨'과 '다양성'이라는 두 가치 사이에서 균형을 찾아야 합니다. 공동체의 일치를 강조하면서도, 개인의 고유한 신념과 은사를 존중해야 합니다. 이는 쉬운 과제가 아닙니다. 하지만 바로 이 지점에서 우리는 진정한 사랑과 용서, 이해의 의미를 배울 수 있습니다.

결국 이 문제는 우리가 얼마나 진정으로 '그리스도의 몸'으로 기능하고 있는지에 대한 시험대가 됩니다. 바울이 말한 것처럼, 우리는 각자 다른 은사와 역할을 가진 지체들입니다(고린도전서 12장). 이 다양성을 인정하고 존중할 때, 우리는 비로소 건강하고 온전한 공동체가 될 수 있습니다.

영혜의 이야기가 우리에게 던지는 도전은 바로
이것입니다. 우리는 과연 공동체 안에서 '다름'을
얼마나 인정하고 존중할 수 있는가? 그리고 그
과정에서 우리 자신은 얼마나 성장하고 변화할
수 있는가? 이 질문들에 대한 우리의 답변이 앞
으로의 교회와 신앙 공동체의 모습을 결정할 것
입니다. 우리가 진정으로 그리스도의 사랑을 실
천하는 공동체가 되기 위해서는, 먼저 우리 안의
'영혜'들을 발견하고 마주하며 그들의 목소리에
귀 기울이는 것부터 시작해야 할 것입니다.

폭력적 사랑, 강요된 신념

영혜의 아버지가 물리적 폭력을 동원해 그녀에게 고기를 먹이려 하는 장면은 우리 신앙 공동체 내에서 종종 발생하는 영적, 정서적 폭력의 모습과 놀랍도록 닮아 있습니다. 이는 단순히 육체적 폭력의 문제를 넘어, '옳다고 믿는 것'을 강요하는 행위가 어떻게 사랑이라는 이름으로 포장된 폭력이 될 수 있는지를 보여 줍니다.

우리는 종종 진리에 대한 확신과 그것을 전하려는 열정으로 인해 타인의 자유의지를 존중하지 못하는 실수를 범합니다. 마치 영혜의 아버지가 딸의 건강을 걱정하는 마음에서 폭력적인 방법을 선택했듯이, 우리도 때로는 타인의 영혼을 걱정하는 마음에서 강압적인 방식으로 신앙을 강요하곤 합니다. 그러나 이러한 접근은 오히려 신앙의 본질을 훼손하고, 사람들을 하나님으로부터 멀어지게 만드는 결과를 낳을 수 있습니다.

진정한 신앙은 결코 강요로 이루어질 수 없습니다. 예수님께서도 제자들에게 믿음을 강요하지 않으셨고, 오히려 그들의 자유의지를 존중하셨습니다. "너희도 가려느냐"(요한복음 6:67)라고 물으셨을 때, 예수님은 제자들에게 선택의 자유를 주셨습니다.

이는 우리가 진리에 대한 확신을 포기해야 한다는 의미는 아닙니다. 오히려 변하지 않는 진리에 대한 믿음과, 그 믿음을 바탕으로 형성된 문화 사이의 구분이 필요합니다. 진리 자체는 불변하지만 그것을 표현하고 실천하는 방식은 시대와 문화에 따라 변할 수 있습니다. 문제는 우리가 종종 이 둘을 혼동하여 특정 시대나 문화에서 형성된 관행을 절대적 진리인 양 강요한다는 점입니다.

교회에서의 복장 규범, 예배 형식, 또는 특정 사회 이슈에 대한 입장 등은 시대와 문화에 따라 변할 수 있는 요소들입니다. 그러나 이러한 요소들이 때로는 불변의 진리처럼 강요될 때, 그것은 영적 폭력이 될 수 있습니다. 우리는 이러한 요소들과 복음의 본질적 메시지를 구분할 줄 알아야 합니다.

동시에, 우리는 개인의 자유와 공동체의 가르침 사이에서 균형을 찾아야 하는 어려운 과제에 직면합니다. 신앙 공동체는 특정한 가치와 믿음을 공유하는 집단이기에, 어느 정도의 공통된 기준과 규범이 필요합니다. 그러나 이러한 기준이 개인의 영적 자유와 성장을 억압하는 도구가 되어서는 안 됩니다.

이는 마치 줄타기와 같은 미묘한 균형을 요구합

니다. 한쪽으로 너무 치우치면 공동체의 정체성과 일관성이 흐려질 수 있고, 다른 쪽으로 치우치면 개인의 자유와 다양성이 억압될 수 있습니다. 이러한 균형을 찾는 과정은 결코 쉽지 않으며, 지속적인 대화와 성찰, 그리고 상호 존중이 필요합니다.

우리는 또한 '영적 학대'라는 개념에 주목해야 합니다. 이는 신앙의 이름으로 행해지는 다양한 형태의 정서적, 심리적 폭력을 포함합니다. 죄책감을 이용한 조종, 공개적인 수치심 유발, 개인의 영적 경험을 폄하하는 행위 등이 이에 해당할 수 있습니다. 이러한 행위들은 겉으로는 영적 성장을 돕는 것처럼 보일 수 있지만, 실제로는 개인의 영성을 심각하게 훼손할 수 있습니다.

영적 학대를 예방하고 치유하기 위해서는 먼저 그것의 존재를 인식하고 공개적으로 논의할 수 있는 분위기가 필요합니다. 교회 지도자들은 자신들의 권위가 어떻게 악용될 수 있는지에 대해 경각심을 가져야 하며, 교인들은 건강한 신앙과 건강하지 못한 신앙의 차이를 분별할 수 있는 능력을 키워야 합니다.

이 모든 일들을 위해 우리는 예수님께서 보여 주신 사랑과 섬김의 모델을 다시 한번 깊이 생각해 볼 필요가 있습니다. 예수님은 권위를 가지고 계셨지만, 그 권위를 타인을 억압하는 데 사용하지 않으셨습니다. 오히려 섬김과 희생을 통해 사랑을 보여 주셨고, 강요가 아닌 초청으로 사람들을 부르셨습니다.

이는 단순히 부드러운 말투를 사용하거나 직접적인 강요를 피하는 것 이상을 의미합니다. 그것은 타인의 존엄성과 자유의지를 진정으로 존중하며, 그들이 자발적으로 진리를 발견하고 받아들일 수 있도록 돕는 것을 의미합니다.

이러한 접근은 더 많은 인내와 시간, 그리고 우리 자신의 불완전함에 대한 인정을 요구합니다. 우리가 전하는 메시지에 대한 확신이 있더라도, 그것을 받아들이는 과정은 각 개인마다 다를 수 있음을 인정해야 합니다. 때로는 우리가 옳다고 믿는 것을 상대방이 받아들이지 않을 때 좌절감을 느낄 수 있지만, 그때 우리는 하나님의 시간표와 방식을 신뢰해야 합니다.

폭력적 사랑과 강요된 신념의 위험성을 인식하고 극복하는 것은 우리 신앙 공동체의 중요한 과제입니다. 이는 단순히 외형적인 행동의 변화만으로는 이루어질 수 없으며, 우리의 신앙에 대한 깊은 성찰과 재해석이 필요합니다. 우리는 변하지 않는 진리에 대한 확신을 가지면서도, 그것을 표현하고 전달하는 방식에 있어서는 유연성과 지혜가 필요함을 인식해야 합니다.

이는 결코 쉬운 과제가 아니며, 지속적인 노력

과 대화가 필요한 여정입니다. 그러나 이러한 노력을 통해 우리는 더욱 건강하고 진정한 의미의 사랑이 넘치는 신앙 공동체를 만들어 갈 수 있을 것입니다. 그리고 그러한 공동체야말로 세상에 하나님의 사랑을 가장 효과적으로 전할 수 있는 하나님의 공동체이자 믿음의 증인이 될 것입니다.

꿈과 현실, 신앙인의 내적 갈등

영혜의 이야기는 꿈과 현실의 충돌로 시작됩니다. 그녀의 꿈속에서 반복되는 폭력적인 이미지들은 삶에서의 급진적인 변화를 초래합니다. 채식주의자가 되겠다는 영혜의 결정은 단순한 식습관의 변화가 아니라, 폭력과 고통에서 벗어나려는 필사적인 시도이자 그러한 인간으로 존재하기를 거부하는 몸부림이었습니다. 그러나 역설적이게도 이러한 선택은 그녀를 더 깊은 고통의 소용돌이로 몰아넣습니다. 주변 사람들은 그러한 시도를 그대로 인정할 수 없었습니다. 가족과 사회로부터의 이해 부족, 강압적인 반응, 그리고 결국 완전한 고립으로 이어지는 과정은 그녀의 내면 세계와 외부 현실 사이의 간극을 더욱 벌어지게 했습니다.

영혜의 경험은 많은 사람들이 이상과 현실 사이에서 겪는 괴리를 상징적으로 보여 줍니다. 우리 사회에서 많은 사람들이 추구하는 '꿈'과 '이상'은 때로는 영혜의 경우처럼 현실과 충돌하며, 이는 종종 예상치 못한 고통과 아픔으로 이어질 수 있습니다. 인간은 누구나 자신의 이상을 이루기 위해 노력하지만, 그 과정에서 현실의 장벽에 부딪히며 많은 갈등과 좌절을 경험합니다. 이러한 괴리감은 때로는 우리가 견딜 수 없을 만큼의 고통을 초래하기도 하지만, 동시에 우리 자신을 돌아보고 성찰하는 계기가 되기도 합니다. 무엇보다 두려운 사실은 그들이 품은 이상이 삶을 살며 받은 여러 형태의 폭력과 상처, 그로 인해 생긴 왜곡된 꿈일 때도 있다는 것입니다.

크리스천의 삶은 꿈과 현실 사이의 긴장으로 가득 차 있습니다. 그러나 이러한 긴장의 본질과 결과는 상당히 다릅니다. 영혜의 꿈이 그녀의 내면, 과거의 아픔에서 비롯된 것이라면, 크리스천의 '꿈'은 하나님의 부르심에 기초합니다. 예수 그리스도의 십자가와 부활은 우리에게 새로운 삶의 방향을 제시합니다. 이는 단순한 개인의 이상과 상처로 인한 절규만이 아니라, 하나님의 나라의 가치를 이 땅에서 구현하고자 하는 거룩한 부르심입니다. 이 부르심은 우리로 하여금 개인적 성취를 넘어, 이웃과 세상을 향한 책임을 깨닫게 합니다.

영혜의 꿈에 등장하는 살과 피는 그녀가 경험한 고통과 상처가 여전히 내면에 남아 있음을 보여줍니다. 꿈속의 살과 피는 억눌린 감정과 해결되지 않은 분노를 상징하며, 현실의 육체적, 정신적 고통으로 나타납니다. 이런 고통은 사회적 억압과 부당함이 그녀를 무겁게 짓누르는 현실을 반영합니다. 영혜의 살과 피의 기억은 반복되는 고통과 폭력의 흔적을 내면화하는 과정입니다.

반면에, 예수님의 살과 피를 기억하는 것은 다른

의미와 결과를 가집니다. 이는 과거의 사건을 회상하는 것이 아니라, 우리를 새로운 존재로 변화시키는 힘을 가진 기억입니다. 예수님의 살과 피는 우리가 죄와 억압에서 자유로워지고, 새로운 생명으로 태어나는 해방의 상징입니다. 이 기억은 우리를 고통과 억압에서 해방시키고 새로운 삶의 가능성을 열어 줍니다.

바울은 "내가 그리스도와 함께 십자가에 못 박혔나니 그런즉 이제는 내가 사는 것이 아니요 오직 내 안에 그리스도께서 사시는 것이라"(갈라디아서 2:20)라고 고백했습니다. 이 고백은 우리에게 단순한 신념을 넘어 매일의 삶에서 하나님과 함께하는 새로운 정체성을 일깨워 줍니다.

갈등의 본질에서도 크리스천의 경험은 영혜의 경험과 다릅니다. 영혜가 자신의 갈등을 혼자 감당해야 했다면, 크리스천은 결코 혼자가 아닙니다. 우리 안에 계신 성령 하나님께서 우리의 연약함을 도우십니다(로마서 8:26). 이는 우리의 내적 갈등이 단순한 고통의 원인이 아니라 하나님과의 관계를 더욱 깊게 하는 기회가 될 수 있음을 의미합니다. 성령의 도우심은 우리로 하여금 우리가 직면한 고난과 갈등을 새로운 시각으로 바라보게 합니다. 갈등을 통해 우리가 얻는 고통은 하나님께서 우리에게 허락하신 성장의 기회이자, 성숙의 발판이 될 수 있습니다.

물론 그 과정은 쉽지 않습니다. 우리는 여전히 "육체의 일"과 "성령의 열매" 사이에서 갈등합니다(갈라디아서 5:19-23). 그러나 이러한 갈등은 우리를 파괴하는 것이 아니라, 오히려 그리스도를 더욱 의지하게 하고 영적으로 성숙하게 만듭니다. 성령의 열매를 맺기 위해 우리는 끊임없는 내적 싸움을 해야 하지만, 그 싸움 속에서 우리는 우리의 한계를 인식하고 하나님의 은혜를 경험하게 됩니다. 이는 단순히 우리가 강해지는 과정이 아니라, 우리 안에 역사하시는 하나님을 더 깊이 체험하는 과정입니다.

영혜의 선택이 그녀를 사회로부터 고립시키고 자기 파괴적인 결과를 초래했다면, 크리스천의 내적 갈등은 성화와 영적 성장으로 이어집니다. 바울은 이 갈등을 "내가 원하는 바 선은 행하지 아니하고 도리어 원하지 아니하는 바 악을 행하는도다"(로마서 7:19)라고 표현하면서도, "그러므로 이제 그리스도 예수 안에 있는 자에게는 결코 정죄함이 없나니"(로마서 8:1)라는 확신을 덧붙입니다. 이는 우리의 실패나 갈등이 우리를 정죄하지 않음을 의미합니다. 오히려 이러한 경험들은 하나님의 은혜를 더욱 의지하게 만들고, 결과적으로 우리를 더욱 그리스도를 닮아 가게 합니다. 우리의 실패는 끝이 아니라, 하나님의 은혜를 체험하는 새로운 시작점이 됩니다.

크리스천의 삶에서 꿈과 현실 사이의 갈등은 피할 수 없는 '사실'입니다. 그러나 이는 신앙을 약화시키는 것이 아니라, 오히려 더 강하게 만드는 계기가 될 수 있습니다. 우리의 불완전함과 한계를 인정하는 것에서부터 진정한 성장이 시작됩니다. 이는 자기 비하가 아니라, 하나님의 은혜를 더욱 의지하게 하는 계기가 됩니다. 내적 갈등은 하나님을 더욱 간절히 찾게 만들며, 이는 단순한 문제 해결을 넘어 하나님과의 더 깊은 교제로 이끌어 줍니다. 이 과정에서 우리는 자신이 얼마나 연약한 존재인지, 그리고 하나님이 얼마나 위대한 분인지를 새롭게 깨닫게 됩니다.

영혜와 달리 우리에게는 믿음의 공동체가 있습니다. 서로의 연약함을 나누고 격려하는 과정을 통해 함께 성장합니다. 우리의 실패와 한계를 마주할 때마다 하나님의 무조건적인 사랑과 은혜를 새롭게 경험하게 됩니다. 이는 신앙을 더욱 견고하게 만들며, 내적 갈등은 우리의 부르심과 사명을 재확인하게 합니다. 이는 단순한 개인의 성장을 넘어, 하나님 나라를 위한 우리의 역할을 더욱 분명히 합니다. 우리는 서로의 손을 붙잡고 함께 나아가며, 공동체 안에서 하나님의 사랑을 체험하고 그 사랑을 나눕니다.

영혜의 이야기가 비극적인 결말로 치닫는 것과는 달리, 크리스천의 여정은 희망으로 가득합니다. 우리의 내적 갈등과 실패, 그리고 그로 인한 아픔까지도 모두 하나님의 섭리 안에 있음을 믿습니다. "우리가 알거니와 하나님을 사랑하는 자 곧 그의 뜻대로 부르심을 입은 자들에게는 모든 것이 합력하여 선을 이루느니라"(로마서 8:28). 이와 같은 바울의 고백은 우리에게 놀라운 희망과 위로를 줍니다. 우리의 삶에서 경험하는 모든 것들이, 심지어 우리의 실패와 고통까지도, 하나님의 선하신 목적을 이루는 데 사용될 수 있다는 것입니다.

크리스천의 삶은 꿈과 현실 사이의 긴장을 포기하거나 부정하는 것이 아닙니다. 오히려 이 긴장을 통해 우리는 더욱 깊이 하나님을 알아 가고 그분의 은혜를 체험하며, 궁극적으로는 그리스도의 형상을 닮아 가게 됩니다. 이것이 바로 우리를 향한 하나님의 위대한 계획이며, 우리가 이 땅에서 살아가는 동안 끊임없이 추구해야 할 여정인 것입니다. 우리의 삶은 영혜의 이야기처럼 끝나지 않습니다. 그래야만 하며 그러기를 소망합니다. 오히려 우리의 모든 갈등과 고난은 더 큰 목적을 향해 나아가는 과정의 일부이며, 그 여정의 끝에는 하나님과의 완전한 연합이 기다리고 있음을 믿습니다. 이 시대의 '영혜'일 수 있는 저와 여러분, 또 다른 크리스천들과 대상화된 수많은 존재들에게 하나님의 놀라운 은혜가 임하기를 소망합니다.

갈등과 화해의 여정

〈채식주의자〉에서 영혜의 채식 선택이 가족 관계에 미친 영향은, 우리 크리스천 가정에서 종종 경험하는 신앙으로 인한 갈등과 놀랍도록 유사합니다. 영혜의 결정이 가족들에게 충격과 혼란을 안겨 준 것처럼, 한 가족 구성원의 신앙적 변화나 결단은 때로 가족 전체에 큰 파장을 일으킵니다.

우리는 흔히 신앙이 가족 관계를 강화하고 더욱 돈독하게 만들 것이라 기대합니다. 그러나 현실에서는 종종 그 반대의 상황이 벌어지기도 합니다. 한 사람의 신앙적 열정이 다른 가족 구성원들에게는 부담이나 강요로 느껴질 수 있고, 반대로 누군가의 신앙적 회의나 이탈이 다른 이들에게 실망과 분노를 안겨 줄 수 있습니다.

영혜의 가족이 그녀의 선택을 이해하지 못하고 폭력적으로 대응한 것처럼, 우리도 때로는 가족 구성원의 신앙적 결정을 존중하지 못하고 강압적으로 대응할 수 있습니다. 부모가 자녀의 신앙을 강요하거나, 자녀가 부모의 신앙을 거부하는 등의 상황은 많은 크리스천 가정에서 발생하는 갈등의 원인이 됩니다.

그러나 이러한 갈등이 반드시 부정적인 결과만을 낳는 것은 아닙니다. 오히려 이는 더 깊은 이해와 사랑으로 나아가는 기회가 될 수 있습니다. 단, 이를 위해서는 먼저 가족 구성원 각자의 신앙 여정을 존중하는 자세가 필요합니다. 모든 사람의 신앙 경험과 성장 속도가 다르다는 것을 인정해야 합니다. 영혜의 가족이 그녀의 선택을 단순한 변덕으로 치부하지 않고 그 내면의 의미를 이해하려 노력했다면, 상황은 달라졌을지도 모릅니다. 마찬가지로, 우리도 가족 구성원의 신앙적 결정이나 변화를 섣불리 판단하지 않고 그 배경과 의미를 이해하려는 노력이 필요합니다.

동시에, 가족의 유대를 지키는 것도 중요합니다. 신앙의 차이가 가족 관계의 단절로 이어져서는 안 됩니다. 성경은 가족의 중요성을 강조하며, 서로 사랑하고 용서하라고 가르칩니다. 에베소서 4장 2-3절의 말씀처럼 "모든 겸손과 온유로 하고 오래 참음으로 사랑 가운데서 서로 용납하고, 평안의 매는 줄로 성령이 하나 되게 하신 것을 힘써 지키라"는 가르침을 가족 관계에서 먼저 실천해야 합니다.

신앙은 오히려 가족 관계를 강화하고 치유하는 도구가 될 수 있습니다. 하나님의 무조건적인 사랑을 경험한 우리가 그 사랑을 가족에게 먼저 실천할 때, 깨어진 관계도 회복될 수 있습니다. 용서와 화해의 메시지는 가족 간의 갈등을 해결하는 데 큰 힘이 됩니다. 영혜의 가족이 서로를 이해하고 용납하는 법을 배웠다면, 그들의 이야기는 다른 결말을 맺었을지도 모릅니다.

더불어, 가족 안에서의 신앙 실천은 더 넓은 세상에서 그리스도의 사랑을 실천하는 훈련장이 될 수 있습니다. 가장 가까운 사람들과의 관계에서 사랑과 용서, 이해를 배울 때, 우리는 그것을 사회로 확장할 수 있는 힘을 얻게 됩니다. 가정에서의 경험이 교회와 사회에서의 우리의 태도와 행동을 형성하는 것입니다.

그러나 이 모든 과정은 쉽지 않은 여정입니다. 많은 사람들이 이와 같은 시도를 하지만 성공하지 못하곤 합니다. 영혜의 가족처럼 서로를 이해하지 못하고 상처 주는 존재로 사는 것이 우리 보통 사람들의 모습이 아닐까요? 사람에게 그 어떤 희망을 가질 수 있는가를 되물어야 하는 상황이 우리 삶 속에 허다합니다. 하지만 그럴 때마다 우리는 하나님의 은혜를 기억해야 합니다. 우리가 하나님께 용서받은 것처럼, 우리도 서로를 용서하고 사랑할 수 있어야 합니다. 그것은 선택이 아닌 의무입니다. 아니 의무감이어서는 안 됩니다. 우리의 원함이어야 합니다. 그래서 또다시 좌절하게 되기도 합니다. 은혜가 필요한 자리입니다.

〈채식주의자〉의 영혜와 그녀의 가족이 겪은 갈등과 고통은 우리에게 가족 간의 이해와 존중, 그리고 무조건적인 사랑의 중요성을 일깨워 줍니다. 우리의 신앙이 가족 관계를 해치는 것이 아니라, 오히려 그것을 더욱 강화하고 풍성하게 만드는 힘이 되기를 소망합니다. 나는 약한 존재로 매일 실패할 수 있지만, 신앙은 가족 관계를 재정립하고 더 깊은 사랑과 이해를 가능케 하는 원동력이 될 수 있음을 믿고 기억해야 합니다.

이러한 노력과 실천을 통해 우리는 가정에서부

터 시작하여 교회와 사회 전체로 그리스도의 사랑을 확산시킬 수 있을 것입니다. 그리고 이것이야말로 우리가 〈채식주의자〉를 통해 배울 수 있는 가장 중요한 교훈이 아닐까요? 서로 다름을 인정하고 우리 삶의 '영혜'를 이해하려 노력하며 끝까지 사랑하는 것, 무엇보다 그토록 상처받는 '영혜'가 생겨나지 않도록 기도와 간구로 사랑과 섬김으로 나아가는 것, 이것이 우리 크리스천 가정이 추구해야 할 궁극적인 목표일 것입니다.

생각-이해 질문

1. 가족 모임에서 채식주의자를 선언한 영혜는 아버지
   에 의해 강압적으로 고기를 먹게됩니다. 영혜의 가
   족들이 그녀의 선택을 이해하지 못한 채 강압적으로
   대했던 이유는 무엇일까요? 이 장면은 현대 사회에
   서 '다름'을 대하는 방식과 어떤 공통점을 가지고 있
   나요?

2. 소설에서 영혜는 점점 더 자신만의 세계로 고립됩니
   다. 그녀의 고립의 원인을 소설은 무엇이라 이야기
   한다고 생각하시나요? 여러분은 그 이유가 무엇 때
   문이라 생각하시나요?

3. 영혜의 행동은 그녀의 과거 경험과 깊은 연관이 있
   는 듯합니다. 그녀의 채식 선언이 과거의 폭력적인
   경험과 어떤 방식으로 연결되어 있다고 보나요?

관계-적용 질문

1. 신앙생활 중 겪게 되는 전환점에서 가족이나 교회 공동체로부터 지지를 받지 못할 때, 개인은 어떤 방식으로 믿음을 유지할 수 있을까요?

2. 교회는 종종 '하나됨'을 강조합니다. 그러나 이 '하나됨'이 개인의 신앙적 다양성을 억압하지 않도록 하기 위해 우리는 어떤 균형을 유지해야 할까요?

3. 우리의 신앙 생활에서 '다름'을 인정하고 존중하는 태도가 왜 중요한가요? 이는 개인과 공동체의 성장에 어떤 영향을 미칠까요?

4. 신앙의 전환점이나 위기의 순간에서 교회 공동체가 할 수 있는 가장 중요한 역할은 무엇일까요? 이러한 순간에 교회가 실제로 어떤 도움을 제공할 수 있을까요?

2

—

몽고반점

〈몽고반점〉 내용 요약

《채식주의자》의 2부 〈몽고반점〉은 영혜의 형부, 한 비디오 아트 작가의 이야기로 시작됩니다. 그는 창작의 벽에 부딪혀 새로운 영감을 찾고 있었습니다.

어느 날 아내를 통해 영혜(처제)의 엉덩이에 몽고반점이 있다는 사실을 알게 되는데 그 순간부터 그는 영혜의 몽고반점을 상상하며 강한 예술적 영감과 동시에 성적 욕망을 느끼기 시작합니다.

형부는 마침내 영혜에게 자신의 예술 프로젝트에 대해 이야기하고, 그녀의 몸에 꽃을 그려 촬영하고 싶다고 제안합니다. 놀랍게도 영혜는 무표정한 얼굴로 이를 수락합니다.

형부는 학교 동기였던 친구의 작업실을 빌려 작업을 진행합니다. 첫 번째 촬영에서 형부는 영혜의 등과 전신에 꽃을 그립니다. 비디오 아트란 명목이었으나 그 시작과 끝, 촬영이 진행되는 순간조차도 그의 예술적 욕심에 성적 욕망은 그 경계를 넘나들며 촬영은 진행됩니다.

형부는 영혜 혼자만의 촬영에 만족하지 못했습니다. 남녀가 함께 몸에 그림을 그리고 하나가 되는 영상을 촬영하기 위해 같은 스튜디오에서 일하는 젊은 후배 J에게 새 프로젝트에서 영혜의 파트너로 참여할 것을 부탁합니다. J는 잠시 고민했지만 촬영에 동참합니다. 그러나 촬영이 이어지며 형부(선배)의 요청이 예술과 포르노의 경계를 넘나든다고 생각했고 결국 촬영을 포기합니다.

J가 떠나고 둘만 남은 작업실에서 형부는 욕망을 참지 못하고 영혜와 성적 접촉을 시도하지만 영

혜는 거부합니다. 그러나 놀랍게도 그 이유가 상대인 형부의 몸에 자신과 같은 꽃 그림이 없기에 거부하는 것임을 밝히자 형부는 이전에 연인이었던 화가 P에게 찾아가 급하게 자신의 전신에 꽃 그림을 그려달라 부탁합니다.

걷잡을 수 없이 커져 가는 욕망에 사로잡힌 형부는 결국 자신의 몸에 꽃을 그리고서 영혜의 자취방을 찾아가 영혜와 성관계를 하게 되고 그 장면을 촬영하기에 이릅니다.

촬영을 마치고서 잠들었다가 먼저 일어난 형부는 옷을 챙겨 입고 영혜의 자취방을 나서려다 거실에서 자신의 아내(인혜)를 마주합니다. 아내는 영혜와 남편이 잠들었을 때 영혜를 챙기기 위해 집을 방문했고 제정신이 아닌 상태에서 동생 영혜가 남자와 관계를 가진 것을 알고 집을 나서려다가 남편의 것으로 여겨지는 촬영장비를 발견했고 그 장비 속 촬영된 둘의 영상을 보고 그 상대가 남편이라는 사실을 알게 됩니다. 인혜는 이 둘의 상태가 정상적이라 여기지 않았기에 이미 정신병원 구급차를 부른 상태라고 남편에게 밝힙니다.

그 사이 동생 영혜도 잠자리에서 일어났고 그러한 상황 속에서도 전혀 놀라는 모습 없이 나체로 베란다에 나가 햇빛을 받는 모습을 취했고 그 모습을 동네 사람들이 지켜보는 가운데 멀리서 구급차가 달려오는 장면을 끝으로 2장 〈몽고반점〉은 이야기를 끝맺습니다.

〈몽고반점〉 등장인물들

영혜 __ 1부에서의 채식주의 선언 이후 더욱 내면화되고 비현실적인 모습을 보입니다. 무표정하고 무감정한 듯 보이지만, 내면에는 강한 의지가 있습니다. 그녀의 몸에 있는 몽고반점은 이야기의 중요한 소재로 활용됩니다. 형부의 이해할 수 없는 예술 프로젝트 참여 요청에 "내 몸이 꽃으로 뒤덮이는 꿈을 꾼 적이 있어요"라고 말하며 허락합니다. 예술적인 공감에 의한 허락이 아닌 일반인이라면 받아들일 수 없는 요청을 심신 미약 상태에서 받아들이는 인물로 묘사됩니다.

형부 __ 2부의 중심인물입니다. 30대 후반의 비디오 아트 작가입니다. 창작의 벽에 부딪혀 있다가 우연히 본 영혜의 몽고반점에서 새로운 영감을 얻습니다. 예술적 열정과 성적 욕망 사이에서 갈등하며, 점차 윤리적 경계를 넘어섭니다. 영혜를 예술의 대상이자 욕망의 대상으로 바라보며, 그녀의 동의를 구하지만 실제로는 그녀의 심신미약 상태를 자신의 욕망을 충족하기 위해 이용합니다.

형부의 아내(영혜의 언니) __ 성실하고 책임감 있는 인물로 묘사됩니다. 화장품 가게를 운영하며 가정 경제를 책임지고 있습니다. 참을성 있는 성격이며 자신의 감정을 억누르고 엄마, 아내, 언니로서의 역할에 충실하려 노력하는 사람입니다. 그러나 이러한 태도로 인해 결국 가장 큰 상처를 받는 인물이기도 합니다. 동시에 매우 이성적이고 현실적인 태도를 가졌습니다. 남편과 동생의 부적절한 관계를 발견했을 때도 구급차를 부르는 등 이성적으로 대처합니다.

작업실 후배 J __ 20대 후반의 젊은 남성입니다.

처음에는 작업실 선배인 영혜 형부의 프로젝트
에 흥미를 보였고 그의 부탁을 받아 영혜와의 비
디오 아트 배우로 참여하게 됩니다. 하지만 점차
성적으로 선을 넘는 촬영이 이어지자 죄책감을
느끼며 촬영장을 박차고 떠납니다.

화가 M __ 40대 초반의 남성 화가. 형부의 지인
으로, 작업실을 빌려줍니다.

화가 P __ 구체적인 정보는 많지 않지만, 형부가
과거에 관계를 가졌던 여성으로 묘사되는 영혜
형부의 옛 연인입니다.

바운더리, 신앙 고백의 경계를 넘어서

《채식주의자》의 두 번째 장 〈몽고반점〉은 신앙 생활에서 마주하게 되는 경계와 신앙 공동체 내에서 발생할 수 있는 폭력, 억압, 독선, 이기주의 그리고 그로 인한 상처에 대한 깊은 생각으로 우리를 이끕니다.

영혜의 형부는 그녀의 몽고반점에서 예술적 영감을 얻었지만, 결국 그 경계를 넘어 성적 욕망으로 변질되기 시작합니다. 그런데 영혜의 형부에게 일어난 내면의 변화는 주변에서 볼 수 없는, 아주 특별한 일이 아니라는 사실이 우리를 두렵게 만듭니다. 영혜 형부에게 일어난 모습은 우리 크리스천들이 신앙생활 중 겪을 수 있는 위험한 순간들을 상기시키기 때문입니다.

그의 처음 시작은 순수한 예술적 호기심이었음에 분명합니다. 오래전부터 구상하던 것이었고 자신의 구상과 비슷한 작품들이 등장할 때면 마음 졸이며 지켜보곤 했습니다. 그러나 이내 실망하게 되고 자신의 구상을 실현할 사람은 자신밖에 없다는 사실을 확인할 뿐이었습니다.

그즈음 처제인 영혜의 몽고반점에 대한 정보를 아내에게 듣게 되고 예술가적인 호기심과 열정이 불타오르게 됩니다. 그의 예술적 추구가 어떤 것인지 이해하기는 힘들지만 영혜의 몽고반점을 중심으로 그의 신체에 그림을 그리는 상상을 하던 영혜 형부의 예술적 상상과 관심은 점차 경계를 넘어 영혜의 육체를 향하게 됩니다.

형부의 행위는 돌이킬 수 없는 상황으로 내달렸습니다. 그러나 영혜는 그 순간조차 아무런 내색을 하지 않습니다. 정신적 아픔 가운데 있는 처제 영혜는 형부와의 일을 또 다른 상처로 받아들일만큼 건강한 상태가 아니었기 때문일까요? 모든 것을 포기했기 때문일까요? 그것이 경계를 넘어선 또 다른 폭력이라는 사실조차 인식하지 못하는 상태였기 때문일까요?

동생 영혜의 상태를 평범이 아닌, 아픔으로 받아들인 언니 인혜는 자신의 남편에게 분노의 마음을 표현합니다.

"나쁜 새끼."
"아직 정신도 성치 않은 애를…. 저런 애를."

그런데 영혜 형부의 내면에 일어난, 욕망과 현실로 이어진 경계의 허물어짐은 우리 신앙생활 가운데서도 자주 마주하곤 합니다. 그것은 마치 우리가 신앙적 열정을 시작할 때는 순수한 의도가 있었지만, 시간이 지나면서 자기과시나 교만으로 변질되는 유사 신앙과도 같습니다. 형부가 예술이라는 명목하에 영혜의 경계를 침범한 행동은 신앙의 이름으로 넘어서는 안 되는 영적, 관계적 경계를 무시하고 침범하는 우리의 모습을 반영합니다. 특별한 상황 속에서만 일어나는 일이 아닙니다. 일상 전도나 선교에 있어서도 이러한 위험은 언제나 도사리고 있습니다. 순수한 믿음과 열정으로 시작된 전도와 선교는 어떤 때는 상대방의 상황을 고려하지 않은 채 강압적인 형태로 전해지곤 합니다. 복음을 전한다는 열정에 사로잡혀 그 어떤 것도 그것을 제한할 수 없다는 생각을 하며 도리어 상대방에게 상처를 주고 복음의 문을 막는 사례는 비일비재하게 일어나는 일입니다. 형부가 욕망에 사로잡혀 윤리적 경계를 넘어서는 모습은 예술적 상상과 성적 욕망의 경계에만 존재하는 것이 아닙니다. 믿음의 선한 의도로 시작한 일이 점차 자기만족이나 교만으로 변질될 뿐 아니라 욕망에 사로잡혀 사탄의 유혹에 사로잡힌 자의 삶을 살 수도 있습니다.

이러한 위험을 피하고 건강한 신앙의 경계를 유

지하기 위해서는 끊임없는 자기 성찰과 기도, 겸손한 자세가 필요합니다. 우리는 항상 자신의 동기를 점검하고, 내가 하는 신앙적 행위들이 진정 하나님을 위한 것인지, 아니면 나의 욕망을 충족시키기 위한 것인지 돌아보아야 합니다. 또한 신앙의 이름으로 행해지는 모든 형태의 폭력과 억압에 대해 민감하게 반응할 수 있어야 합니다. 형부가 예술이라는 명목으로 영혜에게 가한 것이 폭력임을 우리가 아는 것처럼, 선한 의도로 시작된 행동이 타인에게는 폭력으로 다가올 수 있음을 인식해야 합니다.

우리는 깊은 고민 없이, 나의 기준만을 근거로 사람들을 비난하거나 판단의 대상으로 삼아서는 안 됩니다. 영혜가 채식주의자가 된 것처럼, 그들의 선택 뒤에는 우리가 알지 못하는 상처와 아픔이 있을 수 있습니다. 오히려 그들의 존재를 통해 우리 자신과 우리 공동체를 성찰해야 합니다. 우리의 목표는 '크리스천 채식주의자'들의 아품을 이해하고 포용하며 함께 성장해 나가는 것입니다. 이를 통해 우리는 더욱 성숙하고 깊이 있는 신앙 공동체를 형성해 나갈 수 있습니다.

우리는 매일 자신의 편견과 싸워야 하고, 때로는 실수하기도 할 것입니다. 우리의 신앙 여정은 긴장과 갈등의 연속일 것입니다. 실패하고 넘어질 때도 있을 것입니다. 영혜의 형부가 예술적 열정과 욕망 사이에서 균형을 잃고 비극적인 결말을 맞이한 것처럼, 우리도 신앙생활에서 유사한 위험에 직면할 수 있습니다. 그러기에 우리는 신앙생활에서 경계를 넘어서는 순간들이 어떤 결과를 초래할 수 있는지 명확히 인식해야 합니다. 이러한 인식은 단순히 개인적인 성찰을 넘어서서, 우리 공동체 전체의 윤리적, 영적 기준을 세우는 데 중요한 역할을 합니다. 이러한 과정을 통해 우리는 더욱 성숙하고 깊이 있는 믿음으로 성장할 수 있습니다. 우리의 믿음은 고정된 것이 아니라 끊임없이 자라나는 것이며, 그 과정에서 우리는 새로운 도전을 마주하고 새로운 깨달음을 얻을 것입니다. 우리가 해야 할 일은 끊임없이 자신을 돌아보고, 하나님의 말씀에 비추어 우리의 행동을 점검하며, 성령의 인도하심을 구하는 것입니다. 이를 통해 우리는 비로소 진정한 신앙적 자유를 경험할 수 있습니다.

신앙의 경계를 지키는 것은 하나님께 대한 순종의 표현이며, 동시에 다른 이들의 안전과 존엄을 지키는 일입니다. 우리가 서로의 삶을 지지하고 존중하는 과정을 통해, 하나님께서 원하시는 바른 관계를 형성해 나갈 수 있습니다.

욕망의 페르소나

언제부턴가 '페르소나'(Persona)라는 개념이 주목을 받고 있습니다. 이는 하나의 정체성에 국한되지 않고, 상황과 환경에 따라 다양한 모습을 보이는 능력이 중요해졌음을 이야기할 때 쓰이는 말입니다. 유재석의 '유산슬' 캐릭터가 대중적 인기를 얻으면서 이러한 '멀티 페르소나'의 개념이 더욱 주목받게 되었습니다. 이는 단순히 연예계만의 현상이 아니라 현대 사회가 요구하는 다면적 인재상을 반영하는 것이기도 합니다.

하지만 이러한 '페르소나'의 개념은 신앙의 영역에서 복잡한 문제를 야기할 수 있습니다. 크리스천으로서 우리는 거룩함을 추구해야 하지만, 동시에 인간의 본성적 욕망을 완전히 부정할 수도 없기 때문입니다. 이는 마치 〈몽고반점〉의 형부가 예술적 욕망과 성적 욕망 사이에서 갈등하는 모습과 유사합니다.

형부의 예술적 열정은 처음에는 순수해 보였습니다. 그는 영혜의 몽고반점에서 예술적 영감을 얻었고, 이를 통해 새로운 작품을 창조하고자 했습니다. 그러나 이 과정에서 그의 예술적 욕망은 점차 성적 욕망과 뒤섞이게 되었고, 결국 그의 행동은 예술의 경계를 넘어 윤리적 문제를 야기하게 됩니다.

이는 우리 크리스천들이 종종 직면하게 되는 딜레마를 상징적으로 보여 줍니다. 우리는 하나님의 거룩함을 추구하면서도, 동시에 인간으로서의 욕망을 완전히 부정할 수 없는 존재입니다. 이러한 갈등은 성경의 많은 인물들에게서도 발견됩니다. 다윗은 하나님의 마음에 합한 사람이었지만, 동시에 밧세바를 향한 욕망으로 큰 죄를 범했습니다. 삼손은 하나님께 바쳐진 나실인이었지만, 들릴라를 향한 욕망으로 인해 파멸에 이르렀습니다.

현대 사회에서 크리스천들은 더욱 다양하고 복잡한 유혹과 도전에 직면합니다. 물질주의, 개인주의, 쾌락주의 등 다양한 가치관이 공존하는 사회에서 거룩함을 유지하는 것은 결코 쉬운 일이 아닙니다. 특히 인터넷과 소셜 미디어의 발달로 인해 우리는 이전보다 훨씬 더 많은 유혹에 노출되어 있습니다.

이러한 상황에서 일부 크리스천들은 '거룩한 페르소나'를 만들어 내려고 합니다. 존재로서 추구하는 내면적 거룩함이 아닌 보여지는 외적 모습의 연출이라고나 할까요? 교회에서는 경건한 모습을 보이지만, 일상에서는 전혀 다른 모습으로 살아가는 이들이 우리 주변에 적지 않습니다. 이는 마치 '양의 탈을 쓴 늑대'와 같은 모습이며, 결국 자신과 타인에게 큰 상처를 줄 수 있습니다.

특히 영적 지도자의 위치에 있는 이들이 이러한 이중성을 보일 때, 그 피해는 더욱 심각해집니다. 목사나 교회 지도자가 거룩함의 가면을 쓰고 실제로는 자신의 욕망을 추구할 때, 이는 하나님의 이름을 망령되이 일컫는 것일 뿐만 아니라 많은 이들의 영혼에 깊은 상처를 남기게 됩니다.

그렇다면 우리는 이러한 갈등을 어떻게 다루어야 할까요?

우리는 인간의 본성적 욕망을 인정하되, 그것을 하나님의 방식으로 다루어야 합니다. 욕망 자체를 부정하거나 억압하는 것이 아니라, 그것을 올바른 방향으로 승화시키는 것입니다.

은혜와 용서의 중요성도 기억해야 합니다. 우리가 아무리 노력해도, 때로는 실패하고 넘어질 수 있습니다. 그럴 때 중요한 것은 자책하거나 포기하는 것이 아니라, 하나님의 은혜를 구하고 다시 일어서는 것입니다. 실패와 회개의 과정을 통해 우리는 오히려 더 깊은 영적 성숙을 경험할 수 있습니다. 물론 그 실패는 반복적이거나 의도적인 것이 아니어야 합니다. 부지불식간에 짓는 죄에 대해서도 하나님은 징계하실 수 있으나 결국 은혜로 함께하십니다. 그러나 계획된 죄에 대해서는 약속된 심판이 임함을 성경은 증거합니다.

거룩함은 단순한 규율의 문제가 아니라, 하나님과의 친밀한 관계에서 비롯된다는 것을 기억해야 합니다. 규칙을 지키는 것에만 집중하다 보면, 우리는 쉽게 위선에 빠질 수 있습니다. 그러나 하나님과의 깊은 관계 속에서, 우리는 자연스럽게 그분의 성품을 닮아 갈 수 있습니다.

마지막으로, 우리는 공동체의 중요성을 인식해야 합니다. 혼자서는 욕망과 거룩함 사이의 균형을 잡기 어렵습니다. 그러나 믿음의 형제자매들과 함께 고민을 나누고 서로를 격려하며 지지할 때, 우리는 이러한 갈등을 더 잘 다룰 수 있습니다.

크리스천으로서 우리의 삶은 욕망과 거룩함 사이의 끊임없는 긴장 관계 속에 있습니다. 이는 쉽게 해결될 수 있는 문제가 아니며, 평생에 걸친 여정일 것입니다. 그러나 이러한 갈등을 통해 우리는 오히려 더 깊은 신앙의 차원으로 나아갈 수 있습니다. 우리의 연약함을 인정하고 하나님의 은혜를 구할 때 우리는 진정한 의미의 거룩함, 즉 하나님의 성품을 닮아가는 삶을 살아갈 수 있을 것입니다.

이 과정에서 우리는 가치관과 거룩에 대하여는 '멀티 페르소나'가 아닌, 모든 상황 속에서 일관된 크리스천의 모습을 보여 주어야 합니다. 이는 완벽함을 의미하는 것이 아니라, 진실함을 의미합니다. 우리의 연약함과 실패까지도 하나님 앞에 드러내며 그분의 은혜로 변화되어 가는 모습을 보여 주는 것입니다.

〈몽고반점〉의 형부가 결국 자신의 욕망에 굴복하여 비극적인 결말을 맞이했듯이, 우리도 욕망과 거룩함 사이의 균형을 잃으면 큰 위험에 빠질 수 있습니다. 그러나 우리에게는 영혜의 형부에게 없었던 것이 있습니다. 바로 하나님의 은혜와 그리스도의 구속의 능력입니다. 이를 의지할 때, 우리는 욕망과 거룩함 사이의 갈등을 넘어 진정한 의미의 온전함을 향해 나아갈 수 있을 것입니다.

대상화된 영혜, 교회 안의 소외자들

한강의 소설 《채식주의자》에서 영혜는 타인의 시선과 욕망의 대상으로만 존재합니다. 그녀의 내면은 철저히 무시되고, 그녀의 목소리는 침묵 속에 묻힙니다. 2장 〈몽고반점〉에서 욕망의 대상이 되어 버린 영혜의 모습은 극에 달합니다.

이러한 영혜의 모습은 오늘날 우리 교회 공동체 안에서 소외되고 타자화된 이들의 현실을 생생하게 반영합니다. 교회는 모든 이를 환영하고 포용해야 할 공동체임에도 불구하고, 현실에서는 다양한 형태의 소외와 차별이 존재합니다. 사회적 지위, 경제적 능력, 교리적 견해의 차이 등 여러 요인들로 인해 일부 성도들은 교회 안에서조차 소외감을 느끼고 있습니다. 마치 영혜가 자신의 의지와 무관하게 타인의 욕망의 대상이 되었듯이, 이들도 종종 교회의 '필요'나 '목표'를 위한 단순한 도구로 전락하곤 합니다.

경제적으로 어려운 국가의 사람들에게 전도하는 것은 교회의 사명이요 반드시 해야 할 일이지만 어떤 경우에는 그들을 단순히 '선교의 대상'을 넘어 목회자와 교회 활동의 홍보 수단으로 여기는 듯한 상황이 펼쳐지기도 합니다. 청년들은 '교회의 미래'라는 명목하에 그들의 현재의 고민과 욕구는 무시된 채 교회의 필요에 따라 쉽게 동원 가능한 존재로 취급되는 경우도 있습니다. 교회의 주류 해석과 다른 신학적 견해를 가진 이들이 '문제아'를 넘어 정치 논리하에서 '이단'으로 낙인찍히는 일도 어렵지 않게 일어나고 있습니다.

이러한 현실은 예수님의 가르침과 정면으로 배치됩니다. 예수님은 당시 사회에서 소외되고 차별받던 이들—세리, 창녀, 사마리아인, 나병 환자

등—을 적극적으로 찾아가 그들의 이야기를 들으셨습니다. 예수님은 그들을 단순한 선교의 대상이 아닌 하나님의 사랑받는 자녀요 친구로 대하셨습니다.

누가복음 14장 13절에서 예수님은 "잔치를 베풀거든 차라리 가난한 자들과 몸 불편한 자들과 저는 자들과 맹인들을 청하라"라고 말씀하십니다. 이는 단순히 소외된 이들을 돕자는 차원을 넘어, 그들을 우리의 삶과 공동체의 중심으로 초대하라는 근본적인 메시지입니다.

사도행전에 묘사된 초대 교회는 이러한 예수님의 가르침을 실천하는 모습을 보여 줍니다. 그들은 유대인과 이방인, 종과 자유인, 남자와 여자를 구분하지 않고 모두를 그리스도 안에서 하나로 여겼습니다(갈라디아서 3:28). 특히 사도행전 6장에서 헬라파 과부들의 불만을 듣고 즉각적으로 대응한 모습은, 소수자의 목소리에 귀 기울이는 건강한 공동체의 모습을 보여 줍니다.

우리는 어떻게 이러한 초대 교회의 모델을 현대 교회에 적용할 수 있을까요? 첫걸음은 소외된 이들의 목소리를 진정으로 듣는 것입니다. 영혜가 자신의 이야기를 할 기회조차 얻지 못했듯, 아니 이야기할 기력도 이유도 상실한 채 무기력하게 살아가듯이, 우리 교회 안의 많은 이들도 자신의 고민과 아픔을 나누기 위해 소리 낼 기회를 얻지 못하고 있는 현실을 직시해야 합니다.

교회는 다양한 배경과 경험을 가진 이들의 이야기를 들을 수 있는 안전한 공동체여야 합니다. 이는 단순히 그들의 말을 듣는 것을 넘어, 그들의 경험과 관점을 진지하게 받아들이고 교회의 의사결정 과정에 반영하는 것을 의미합니다. 더나아가 교회는 모든 이가 환영받고 존중받는 공동체가 되어야 합니다.

물론 이러한 노력 가운데서도 우리는 신앙의 본질을 지키는 것의 중요성을 잊지 말아야 합니다. 다양성을 인정하는 것이 모든 행동과 신념을 무조건적으로 수용한다는 의미는 아닙니다. 오히려 우리는 사랑과 존중의 태도로 서로의 차이를 인정하면서도, 함께 성경의 가르침을 따르고 그리스도를 닮아 가는 여정을 걸어가야 합니다.

이 일을 하는 과정에서 때로는 불편하고 도전적인 대화가 오고 가는 순간을 감내해야 할 것입니다. 그러나 이러한 과정을 통해 우리는 더욱 성숙하고 풍성한 신앙 공동체로 성장할 수 있습니다.

우리는 모든 인간이 하나님의 형상대로 지어졌음을 기억해야 합니다. 영혜가 단순히 타인의 욕망의 대상이 아닌 고유한 가치와 존엄성을 지닌 인격체였듯이, 우리 주변의 모든 이도 하나님의 형상으로 창조된 존재요 사랑받는 자녀들입니다.

우리는 서로를 대상화하거나 도구화하는 것이 아니라, 각자의 고유한 가치와 존엄성을 인정하고 존중해야 합니다. 이는 단순히 '해야 할 일'이 아니라, 우리가 그리스도 안에서 한 몸을 이루고 있다는 진리의 자연스러운 표현이어야 합니다.

우리 모두가 서로의 이야기에 귀 기울이고 서로의 아픔에 공감하며, 서로의 다름을 인정하고 존중할 때, 우리는 비로소 예수님이 꿈꾸시며 명하셨던 참된 하나님 나라의 공동체를 이 땅에 구현할 수 있을 것입니다. 그리고 그때 우리는 더 이상 영혜처럼 침묵 속에 고통받는 이들, '크리스천 채식주의자'가 생겨나는 일을 방지할 수 있게 될 것입니다.

금기와 자유

〈몽고반점〉에서 영혜의 형부는 사회적, 도덕적 금기를 넘어서는 선택을 합니다. 그의 행동은 예술이라는 이름 아래 정당화되지만, 결국 그와 주변 사람들에게 깊은 상처를 남깁니다.

크리스천 공동체 안에도 명시적이거나 암묵적인 다양한 '금기'들이 존재합니다. 주일에 일하지 않기, 술과 담배를 멀리하기 등은 오랜 교회 역사 가운데 지켜왔던 예입니다. 이러한 규범들은 대부분 성경의 가르침이나 전통에서 비롯되었지만, 때로는 문화적 관습이나 특정 시대의 해석이 더해진 경우도 있습니다.

이러한 금기들은 분명 우리의 신앙생활에 도움

이 되는 측면이 있습니다. 그러나 동시에 이것들이 우리의 자유를 제한하고, 때로는 불필요한 죄책감을 안겨 주기도 합니다.

성경은 우리의 자유에 대해 다음과 같이 이야기하고 있습니다. 바울은 갈라디아서 5장 1절에서 "그리스도께서 우리를 자유롭게 하려고 자유를 주셨으니 그러므로 굳건하게 서서 다시는 종의 멍에를 메지 말라"라고 말합니다. 이는 우리가 율법의 속박에서 벗어나 자유를 누리도록 부르심을 받았음을 의미합니다.

그러나 이어지는 구절에서 바울은 "오직 사랑으로 서로 종노릇하라"(갈라디아서 5:13)라고 말합니다. 즉, 우리의 자유는 무제한적인 것이 아니라 사랑이라는 테두리 안에서 행사되어야 한다는 것입니다. 이는 영혜의 형부가 한 선택과는 대조적입니다. 그는 자신의 예술적 자유를 추구하면서 타인에 대한 배려를 잃어버렸고, 결국 그것은 진정한 자유가 아닌 파괴적인 욕망의 표현이 되고 말았습니다.

크리스천으로서 우리는 종종 율법주의와 방종 사이에서 균형을 잡으려 노력합니다. 너무 엄격한 규율은 우리를 영적으로 억압하고 하나님의 은혜를 경험하지 못하게 만들 수 있습니다. 반면, 지나친 자유의 강조는 우리를 방종에 빠지게 하고 하나님의 뜻에서 멀어지게 할 수 있습니다.

예수님은 이러한 균형에 대해 완벽한 모델을 보여 주셨습니다. 그분은 안식일의 규례를 깨뜨리면서까지 병자를 고치셨지만(마가복음 3:1-6), 동시에 "내가 율법이나 선지자를 폐하러 온 줄로 생각하지 말라 폐하러 온 것이 아니요 완전하게 하려 함이라"(마태복음 5:17)라고 말씀하셨습니다.

우리도 예수님처럼 규율을 완전히 무시하지 않으면서도 그것의 본질적 의미를 이해하고 상황에 맞게 적용하는 지혜가 필요합니다. 형부가 사회적 관습을 깨뜨리면서 그 이면에 있는 윤리적 가치를 무시했던 것과는 달리, 우리는 규범의 형식보다는 그 정신을 따르는 데 집중해야 합니다.

때로는 개인의 양심과 공동체의 규범이 충돌하는 상황이 발생할 수 있습니다. 이러한 상황에서 우리는 어떻게 행동해야 할까요?

바울은 로마서 14장에서 음식에 대한 견해 차이로 다툼이 일 때 서로를 판단하지 말라고 권고하면서, 각자 자기 믿음에 따라 행동하되 다른 이들의 양심을 존중하라고 말합니다.

이는 우리에게 중요한 원칙을 제시합니다. 우리는 개인의 양심을 따라 행동할 자유가 있지만, 동시에 그것이 다른 이들에게 미칠 영향을 고려해야 한다는 것입니다. 형부가 자신의 예술적 욕구만을 좇아 타인에게 해를 끼친 것과 달리, 우리는 자유를 행사하면서도 공동체의 유익을 고려해야 합니다.

우리가 살아가는 문화의 관습과 성경의 가르침이 충돌하는 경우가 있습니다. 이럴 때 우리는 어떤 기준을 따라야 할까요? 사도행전 15장에서 초대 교회 지도자들은 이방인 신자들에게 유대인의 모든 관습을 강요하지 않기로 결정합니다. 대신 우상의 제물과 음행, 목매어 죽인 것과 피를 멀리하라는 최소한의 규칙만을 제시합니다.

문화적 관습이 성경의 핵심 가르침과 충돌하지 않는 한, 우리는 그것을 존중할 수 있습니다. 동시에, 그것이 우리의 신앙과 양심에 위배된다면 거부할 수 있는 자유도 있습니다. 중요한 것은 이러한 선택이 하나님을 향한 사랑과 이웃을 향한 배려에 기반을 두어야 한다는 점입니다.

크리스천의 자유는 사랑과 분리될 수 없습니다.

예수님은 모든 율법과 선지자의 강령을 "하나님을 사랑하고 이웃을 사랑하라"는 두 계명으로 요약하셨습니다(마태복음 22:36-40). 이는 우리의 모든 선택과 행동이 이 두 가지 사랑에 기반을 두어야 함을 의미합니다.

형부가 자신의 욕망을 좇아 타인에게 해를 끼쳤던 것과 달리, 우리의 자유는 타인을 섬기고 사랑하는 데 사용되어야 합니다. 바울이 말했듯이, "모든 것이 가하나 모든 것이 유익한 것은 아니요 모든 것이 가하나 모든 것이 덕을 세우는 것은 아니니"(고린도전서 10:23)라는 점을 명심해야 합니다.

크리스천의 자유는 단순히 규율에서 벗어나는 것이 아니라, 하나님의 뜻을 자발적으로 선택할 수 있는 능력입니다. 우리는 금기나 규범에 얽매이지 않고, 동시에 무분별한 방종에 빠지지도 않으면서 사랑과 지혜로 하나님의 뜻을 분별하고 따를 수 있습니다. 이는 끊임없는 성찰과 기도, 그리고 성령의 인도하심을 구하는 삶을 요구합니다. 우리는 매 순간 "이것이 과연 하나님의 뜻인가?", "이 선택이 하나님과 이웃을 사랑하는 것인가?"를 자문해야 합니다.

〈몽고반점〉의 형부가 자신의 욕망을 따라 파괴적인 선택을 한 것과 달리, 우리는 하나님이 주신 자유를 통해 창조적이고 생명력 있는 선택을 할 수 있습니다. 그리고 그 과정에서 우리는 점점 더 그리스도를 닮아 가게 될 것입니다.

진정한 크리스천은 모든 선택의 순간마다 하나님의 뜻을 분별하고, 자유롭게 그것을 선택하며, 그 선택을 통해 하나님과 이웃을 사랑하는 삶을 사는 사람입니다. 우리 모두가 이러한 크리스천으로 살아갈 수 있기를 소망합니다.

자아 해체와 영적 성장

〈몽고반점〉에서 영혜 형부의 도덕적 붕괴와 자아 해체 과정은 역설적이게도 우리 크리스천의 영적 성장 과정과 놀랍도록 유사한 면이 있습니다. 형부는 자신의 예술적 열정을 좇아 사회적, 도덕적 경계를 넘어섰고, 결국 그의 삶은 무너집니다. 이 과정에서 그는 자신이 알고 있던 모든 것, 자신이 쌓아 온 전문성과 정체성마저 잃어버리게 됩니다. 이러한 자아의 붕괴는 고통스럽고 두려운 경험이지만, 수많은 크리스천들에게 이러한 무너짐의 순간은 영적 갱신의 시작점이 될 수도 있습니다.

성경은 이러한 '깨어짐'의 경험을 통해 진정한 회개와 영적 성장이 이루어진다고 가르칩니다. 다윗 왕의 이야기를 생각해 봅시다. 그는 밧세바와의 사건 후 자신의 죄를 직면하게 되었을 때, 깊은 자기 성찰과 회개의 과정을 겪었습니다. 시편 51편은 이 과정에서 나온 그의 고백입니다.

"하나님이여 내 속에 정한 마음을 창조하시고 내 안에 정직한 영을 새롭게 하소서"(시편 51:10).

이는 자아의 깨어짐을 통해 새로운 영적 정체성을 발견하는 과정을 보여 줍니다. 베드로의 경우도 마찬가지입니다. 그는 예수님을 세 번이나 부인한 후 비통한 마음으로 울었습니다. 이 경험은 그의 자아, 특히 자신의 능력에 대한 과신을 완전히 무너뜨렸습니다. 그러나 부활하신 예수님과의 만남 후, 그는 진정한 제자로 거듭나게 됩니다. 그의 자아가 깨어지는 고통스러운 경험이 오히려 더 깊은 신앙으로 나아가는 계기가 된 것입니다.

현대 사회를 살아가는 우리 크리스천들도 다양한 형태의 '자아 해체'를 경험합니다. 사업의 실패, 관계의 파탄, 건강의 상실, 신앙의 위기 등 다양한 상황 속에서 찾아옵니다. 이러한 경험들은 우리가 의지하던 것들을 무너뜨리고, 우리의 정체성에 대한 근본적인 질문을 던지게 만듭니다. 영혜 형부가 예술적 상상을 넘어 성적 욕망을 좇는 순간, 자신의 삶을 지탱하던 모든 것을 잃어버리는 결과를 마주하게 됩니다. 이러한 일은 그에게만 특별하게 일어난 일일까요? 그렇지 않습니다. 많은 사람들이 다른 형태로 그러한 자아 해체의 순간을 마주하게 됩니다.

그러나 그러한 경험이 반드시 한 사람을 파멸로 이끄는 것은 아닙니다. 오히려 모든 것을 잃었다고 생각되는 순간 인생의 전환점을 마주하는 이들이 있습니다. 그런데 그러한 사건 중심에는 대부분 하나님과의 만남과 신앙적 깨어짐의 경험이 있습니다. 인생의 모든 것이 부정되는 순간,

자신의 자아가 깨어질 때 어떤 이들은 비로소 자신의 한계를 인정하고 하나님께 온전히 의지하는 선택을 하게 됩니다. 바울은 이를 "내가 그리스도와 함께 십자가에 못 박혔나니 그런즉 이제는 내가 사는 것이 아니요 오직 내 안에 그리스도께서 사시는 것이라"(갈라디아서 2:20)라고 표현했습니다.

이는 복음의 핵심 메시지와도 일맥상통합니다. 예수님은 "누구든지 제 목숨을 구원하고자 하면 잃을 것이요 누구든지 나를 위하여 제 목숨을 잃으면 찾으리라"(마태복음 16:25)라고 말씀하셨습니다. 즉, 우리의 옛 자아가 죽고 그리스도 안에서 새로운 피조물로 거듭나는 것이 진정한 영적 성장의 과정인 것입니다.

물론 이 과정은 결코 쉽지 않습니다. 형부가 자신의 욕망을 좇다가 모든 것을 잃고 고통 속에 빠진 것처럼, 우리도 자아의 깨어짐 속에서 극

심한 고통을 경험할 수 있습니다. 영혜의 형부는 자아 해체의 순간, 자신의 모든 것이 깨어지고 다른 방향으로 돌아서야 하는 순간조차 개인적 욕망에서 벗어나지 못한 실패자로 남게 됩니다. 이제 곧 구급차에 실려 정신병원으로 가야 하는 그 순간조차도 욕망에 사로잡힌 노예로 남아 있습니다. 2장 〈몽고반점〉은 아래와 같이 영혜 형부에 대한 묘사로 마무리됩니다.

"그는 그 자리에 못 박혀 서서, 삶의 처음이자 마지막 순간인 듯, 활활 타오르는 꽃 같은 그녀의 육체, 밤 사이 그가 찍은 어떤 장면보다 강렬한 이미지로 반짝이는 육체만을 응시하고 있었다."

자아의 해체와 깨어짐은 크리스천의 영적 성장에 있어 필수적인 과정입니다. 〈몽고반점〉의 형부가 자신의 욕망을 따라 모든 것을 잃어버렸듯이, 우리도 때로는 우리의 모든 것을 잃는 것 같은 경험을 하게 됩니다. 그러나 우리에게는 형부에게 없었던 것이 있습니다. 바로 하나님의 은혜와 부활의 소망입니다.

이 소망 안에서, 우리는 우리의 깨어짐을 통해 오히려 더 온전해질 수 있습니다. 우리의 자아가 해체되는 과정에서 우리는 그리스도 안에서 새로운 정체성을 발견하게 됩니다. 그리고 이 과정을 통해 우리는 점점 더 그리스도를 닮아 가게 되는 것입니다.

진정한 '크리스천'은 세상의 모든 것을 잃어버리고 희망이 없는 순간에도 은혜 가운데 자신의 옛 본성, 즉 '육신'을 벗어버리고 그리스도 안에서 새로운 피조물로 살아갈 수 있는 '기회'를 부여받을 수 있습니다. 다만, 그것을 위해 쓰임받는 공동체, 주변의 사람들이 예수 그리스도의 손길이 되어 그들의 곁을 지켜야 합니다. 욕망에 사로잡혀 그들을 도구화하고 대상화하는 것이 아닌, 그들이 자아의 깨어짐과 회복의 과정을 통해 진정한 '크리스천'으로 성장해 갈 수 있도록 돕는 하나님의 사람들의 사랑과 섬김이 필요합니다. 하나님은 그렇게 역사하십니다. 우리를 통해 일하십니다. 하나님의 큰일을 위한, 우리의 작은 일이 필요한 때입니다.

생각-이해 질문

1. 영혜 형부는 자신의 예술적 활동을 정당화하며 도덕
   적 경계를 넘었습니다. 이와 유사하게 우리의 신앙
   적 열정이 때로는 도덕적 윤리나 타인의 경계를 침
   범할 위험이 있을까요? 구체적인 사례와 함께 생각
   을 나눠 보세요.

2. 영혜는 자신에게 가해지는 폭력적 상황에서도 아무
   런 저항을 하지 못합니다. 그녀의 침묵은 무엇을 상
   징하며, 오늘날 교회 안에서 소외되고 목소리를 내
   지 못하는 이들과 어떻게 연결 지어 생각해 볼 수 있
   을까요?

3. 영혜 형부는 자신의 행동이 예술이라는 명목으로 정
   당화될 수 있다고 생각했습니다. 이는 현대 사회에
   서 사람들이 신앙을 정당화하며 행하는 잘못된 행동
   들과 어떻게 유사한가요?

관계-적용 질문

1. 영혜는 자신의 내면의 고통을 표현하지 못했고, 그녀의 소리없는 아우성은 무시되었습니다. 그로 인해 영혜는 더 큰 상처를 입었고 침묵 속에서 고통받았습니다. 교회 안에서 소외되고 침묵 속에 머무는 이들의 이야기를 듣고 그들을 도울 수 있는 구체적인 방법은 무엇일까요? 교회는 고통 속에 있는 이들에게 어떤 방식으로 다가가야 하며, 그들을 위해 어떤 환경을 제공해야 할까요?

2. 영혜와 형부의 이야기는 교회 내에서 신앙적 경계가 무너질 때의 위험을 보여 줍니다. 오늘날 교회 공동체는 이러한 경계의 붕괴를 방지하기 위해 어떤 원칙과 기준을 세워야 할까요?

3. 교회는 종종 다양한 배경과 경험을 가진 사람들을 포용하려 하지만, 실제로는 배척하거나 소외시키는 경우가 많습니다. 이러한 문제를 해결하기 위해 우리는 무엇을 해야 할까요?

3
—

나무 불꽃

〈나무 불꽃〉 내용 요약

《채식주의자》의 3장 〈나무 불꽃〉은 영혜의 언니
인 인혜의 시점에서 전개됩니다. 이 장은 영혜의
정신병원 입원 이후의 이야기를 다룹니다.

이야기는 인혜가 병원에 입원해 있는 영혜를 방
문하는 것으로 시작됩니다. 영혜는 이제 음식 섭
취를 거부하고 있으며, 자신이 나무가 되어 간다
고 믿고 있습니다. 그녀는 햇빛을 받기 위해 두
팔을 들어 올리고 서 있기를 고집합니다.

인혜는 동생의 상태를 보며 깊은 슬픔과 무력감
을 느낍니다. 그녀는 영혜를 돌보기 위해 자신
의 일상을 포기하고, 시간을 내어 병원을 방문합
니다. 이 과정에서 인혜는 자신의 삶을 돌아보게

되고, 그동안 억압해 왔던 감정들과 마주하게 됩니다.

영혜의 상태는 점점 악화됩니다. 그녀는 더 이상 음식을 먹지 않으려 하고, 심지어 물조차 거부합니다. 의사들은 강제로 영양을 공급하지만, 영혜는 이에 격렬히 저항합니다. 그녀는 자신이 광합성을 통해 살아갈 수 있다고 믿으며, 완전히 나무가 되기를 갈망합니다.

인혜는 영혜를 살리기 위해 필사적으로 노력합니다. 그녀는 영혜에게 먹을 것을 권하고, 때로는 애원하기도 합니다. 하지만 영혜는 변함없이 음식을 거부합니다. 이 과정에서 인혜는 자신과 동생의 어린 시절, 그리고 그들이 겪어 온 가정폭력의 기억을 떠올립니다.

시간이 흐르면서 인혜는 점점 더 영혜의 행동을 이해하려고 노력합니다. 그녀는 영혜의 현재의 상태가 깊은 내면의 상처와 연결되어 있다는 것을 깨닫기 시작합니다.

시간이 흐르지만 영혜의 상태는 호전되지 않습니다. 현재 입원한 병원에서는 영혜를 돌볼 수 없어서 구급차를 타고 큰 병원으로 이송되는 장면을 묘사하며 소설은 끝을 맺습니다.

⟨나무 불꽃⟩ 등장인물들

인혜 __ 이 장의 주요 시점 인물입니다. 그녀는 강한 책임감과 현실적인 성격의 소유자로, 가족을 위해 자신을 희생하는 모습을 보입니다. 동생 영혜의 상태가 악화되자 인혜는 자신의 바쁜 일상 속에서도 병원을 찾아 영혜를 돌봅니다. 자신이 아니면 누구도 돌봐 줄 수 없는 영혜를 끌어안고 지내지만, 실제로는 무력감에 빠지곤 합니다. 영혜를 이해하려 노력하지만 완전히 이해하지 못하는 자신을 발견하고 괴로워합니다.

영혜 __ 정신병원에 입원 중입니다. 그녀는 자신이 나무가 되어 간다고 믿으며, 모든 음식 섭취를 거부합니다. 그녀는 내면의 깊은 고통을 겪고 있지만, 그것을 언어로 표현하지 않습니다. 대신 두 팔을 들어 올린 채 서 있는 등의 특이한 행동을 통해 자신의 상태를 표현합니다. 가족들과의 소통을 거부하고, 자신만의 세계에 갇힌 듯한 모습을 보이는 영혜는 주변 사람들에게 이해받지 못하는 존재가 됩니다.

아버지 __ 어린 시절부터 인혜나 남동생 영호보다 유독 영혜에게 더 많은 폭력을 행했음을 인혜는 이야기합니다. 영혜가 아홉 살이던 시절 언니 인혜와 산에서 길을 잃었을 때, 무서워하며 걱정하기보다는 "우리 그냥 (집으로) 돌아가지 말자"라고 할 정도로 집은 영혜에게 쉼의 공간이 아닌 아버지가 있는 두려움의 공간이었던 것 같습니다.

어머니 __ 영혜의 갑작스러운 채식으로 가족 간에 문제가 발생했을 때도 영혜를 이해하기보다는 영혜의 행동을 원상태로 돌리려는 시도만 할 뿐 소극적으로 대처합니다. 딸 영혜가 이렇게 큰 상처와 아픔 가운데 있지만 아버지뿐 아니라 어머니도 도망치듯 거리를 두고 있습니다.

희주 __ 영혜와 같은 병원에서 치료를 받고 있는
환자입니다. 그 시작은 인혜에게 용돈을 받아가
며 영혜를 돌보기 시작했는지 모르지만 인혜가
없는 순간, 영혜를 돌보는 일에 책임감을 가지고
함께합니다. 희주는 자신의 아픔에도 불구하고
영혜의 곁을 지키며 그녀에게 작은 위로를 전하
는 인물로 이 책의 주제라 할 수 있는 "인간으로
산다는 것은 무엇인가?"에 대한 해답을 스쳐지
나가듯 보여 준 인물입니다.

정신과 의사들 __ 영혜를 치료하려 노력합니다.
그러나 그들의 노력은 어떤 효과도 없는 듯합니
다. 영혜의 상태를 온전하게 이해하지 못했으며
현실적으로 포기를 선언합니다.

책임의 무게

인혜는 아침에 눈을 뜰 때마다 자신을 짓누르는 무거운 책임의 무게를 느낍니다. 알람 소리가 울리면 그녀는 잠에서 깨어나지만, 다시 눈을 감고 싶어집니다. 그러나 그녀는 그렇게 할 수 없습니다. 그녀에게는 돌봐야 할 사람들이 있기 때문입니다.

먼저 그녀는 어린 아들의 아침을 준비해야 합니다. 아들의 웃는 얼굴을 보며 잠시나마 위로를 받지만, 그 뒤에 숨겨진 슬픔과 피로는 쉽게 사라지지 않습니다. 아들은 엄마의 마음을 완전히 이해할 수는 없지만, 그럼에도 불구하고 엄마를 위해 애쓰는 모습을 보입니다. 인혜는 그런 아들을 보며 더욱 마음이 아파 옵니다. 그녀는 아들

에게 더 좋은 엄마가 되어 주고 싶지만, 현실의
무게는 그녀를 지치게 만듭니다.

남편의 배신과 이혼으로 인해 그녀는 혼자가 되
었습니다. 남편은 동생 영혜와의 부적절한 관계
로 인해 가족 구성원으로서의 자격을 상실해 버
렸습니다. 인혜는 남편을 자신의 삶에서 밀어내
버렸습니다. 그 과정에서 그녀는 깊은 상처를 받
았지만, 그 상처를 치유할 시간조차 없었습니다.
그녀는 모든 가족들의 무관심 속에서 홀로 모든
것을 감당해야 했습니다.

인혜는 가게를 운영하며 생계를 이어가고 있습
니다. 작은 화장품 가게는 그녀에게 중요한 수입
원이지만, 동시에 그녀의 에너지를 소모시키는
곳이기도 합니다. 손님들을 맞이하며 미소를 지
어 보지만, 그 미소 뒤에는 깊은 피로감이 숨어
있습니다. 가게를 운영하면서도 그녀의 마음은
늘 다른 곳에 가 있습니다.

바로 정신병원에 입원해 있는 동생 영혜에게입니다. 영혜는 형부와의 사건 이후 정신병원에서 치료를 받고 있지만, 그녀의 상태는 점점 악화되고 있습니다. 영혜는 식사를 거부하고, 스스로 나무가 되고자 하는 이상한 행동을 보입니다. 그녀는 옷을 벗고 햇빛 아래에서 나무처럼 서 있기도 하고, 물만 마시며 광합성을 통해 살 수 있다고 믿습니다.

병원에서는 영혜를 치료하려고 노력하지만, 그녀의 내면 깊숙한 곳에 자리한 고통과 상처를 이해하지 못합니다. 의사들은 그녀의 행동을 이해할 수 없는 것으로 치부하며, 약물 치료와 강제적인 방법으로 그녀를 통제하려 합니다. 당연한 노력이고 필요한 노력이지만 그 행동에서 영혜를 향한 가족들의 요구가 오버랩됩니다. 그러나 이러한 방법들은 영혜의 상태를 더욱 악화시킬 뿐입니다.

인혜는 바쁘고 힘든 시간 속에서도 병원을 방문하여 영혜를 돌봅니다. 그녀는 동생의 창백한 얼굴과 쇠약해진 몸을 볼 때마다 마음이 무너져 내립니다. 영혜의 눈동자에는 삶에 대한 의지가 사라져 있고, 그녀는 점점 더 깊은 어둠 속으로 빠져들고 있습니다.

가족들조차 영혜를 포기한 상황에서, 인혜는 홀로 동생을 돌보고 있습니다. 부모님조차 동생의 병과 가족의 문제에서 도망치듯 거리를 두고 있습니다. 그들은 더 이상 영혜의 상태에 관심을 두지 않으며, 인혜에게 모든 것을 떠넘겨 버렸습니다. 인혜는 이러한 상황 속에서 깊은 외로움과 고독을 느낍니다.

인혜의 삶은 끝없는 책임의 연속입니다. 그녀는 아들을 돌보고 가게를 운영하며, 동생을 돌봐야 합니다. 이러한 책임들은 그녀를 지탱하는 힘이기도 하지만, 동시에 그녀를 짓누르는 무거운 짐입니다. 그녀는 때로는 모든 것을 내려놓고 도망치고 싶다는 충동을 느낍니다. 그러나 그녀는 그럴 수 없습니다. 그녀에게는 돌봐야 할 사람들이 있고, 그들을 위해 그녀는 버텨야 합니다.

크리스천으로서 우리는 얼마나 자주 이러한 책임의 무게를 느끼며 살아가고 있을까요? 가정에서의 역할, 직장에서의 의무, 교회에서의 봉사 등 우리의 삶은 다양한 책임들로 가득 차 있습니다. 때로는 그 무게에 지쳐 모든 것을 포기하고 싶을 때도 있습니다. 우리는 그 책임을 어떻게 받아들이며 살아가고 있습니까?

인혜처럼 묵묵히 감당하며 살아가고 있는지, 아니면 영혜의 남편이나 인혜의 남편, 부모님과 같이 외면하고 도망치고 싶어 하는지 돌아보아야 합니다. 인혜는 자신의 고통을 드러내지 않고, 묵묵히 자신의 길을 걸어갑니다. 그녀는 다른 이들에게 의지하지 않으며, 아니 의지할 곳 없는 곳에서 아들 지우와 동생 영혜를 책임져야 하는 자신의 역할을 묵묵히 감내해 냅니다. 얼마나 외로웠을까요. 얼마나 힘들었을까요.

예수님은 마태복음 11장 28절에서 "수고하고 무거운 짐 진 자들아 다 내게로 오라 내가 너희를 쉬게 하리라"라고 말씀하십니다. 우리는 우리의 무거운 짐을 홀로 지는 것이 아닙니다. 하나님께 맡기며 나아갈 수 있습니다. 그러나 인혜는 신앙이 없는 사람으로서 그러한 위로를 받을 수 없었습니다. 의지할 대상도 없었습니다. 그녀의 모습은 우리에게 책임의 무게를 지고 살아가는 이들의 아픔과 그들을 향한 하나님의 위로의 필요성을 생각하게 합니다.

책임감은 때로 우리를 지치게 하지만, 그것은 또한 우리의 믿음을 시험하고 성장시킵니다. 다만, 우리의 삶 속에서 하나님께서 주신 사명과 책임을 어떻게 받아들이고 있는지, 그리고 그 속에서 어떻게 하나님의 은혜를 경험하고 있는지 돌아보아야 합니다.

인간의 힘으로는 모든 것을 감당할 수 없으며, 하나님께 의지할 때 비로소 참된 쉼과 힘을 얻을 수 있습니다. 그러므로 우리는 우리의 무거운 짐을 하나님께 맡기며, 그분의 도우심을 구해야 합니다. 이는 책임의 회피가 아닙니다. 더욱 지혜롭고 슬기롭게 주어진 사명을 감당하게 하시는 하나님의 요청입니다.

인혜의 삶은 고통과 슬픔으로 가득하지만, 그 속에서도 그녀는 포기하지 않습니다. 그녀를 통해 세상 속에서 크리스천으로 살아가야 하는 우리의 사랑과 진정한 책임감의 의미를 되새겨 봅니다.

고통을 끌어안다

인혜는 병원에서 영혜를 볼 때마다 마음이 찢어지는 듯한 고통을 느낍니다. 동생은 점점 더 말라가고, 눈동자는 생기를 잃어가고 있습니다. 영혜는 식사를 거부하고, 자신의 몸이 나무가 되었다고 믿으며 현실과 동떨어진 세계에 갇혀 있습니다. 그녀는 옷을 벗고 햇빛 아래 서 있기를 원하며, 물만 마시며 광합성으로 살아갈 수 있다고 생각합니다.

의사들은 그녀의 상태를 이해하지 못하고, 약물치료와 강제적인 방법으로 그녀를 통제하려고 합니다. 그러나 이러한 방법들은 영혜의 마음을 더욱 닫히게 만들 뿐입니다. 그녀의 깊은 내면에 자리한 고통과 상처를 아무도 이해하려 하지 않습니다. 영혜의 고통은 단순한 신체적 문제가 아닌, 그녀의 마음속 깊은 곳에서 비롯된 복합적인 것입니다.

인혜는 그런 동생을 보며 죄책감과 연민을 느낍니다. 그녀는 동생의 고통을 완전히 이해할 수 없지만, 그럼에도 불구하고 동생을 외면하지 않습니다. 모든 가족들이 포기한 상황에서 인혜는 영혜를 돌보려 합니다. 고통의 시간 속에서도 병원을 찾아 동생의 손을 잡고 이야기를 나누려고 합니다. 그러나 영혜는 그러한 그녀를 바라보지 않습니다. 이토록 무심할 수 있습니까? 그러나 인혜는 포기하지 않습니다. 그녀는 동생이 언젠가 마음을 열기를 기다리면서 끊임없이 관심을 가지며 책임을 감내합니다.

인혜는 자신이 동생에게 해 줄 수 있는 것이 거의 없다는 사실에 무력감을 느낍니다. 그녀는 동생의 고통을 덜어주고 싶지만, 어떻게 해야 할지

알 수 없습니다. 매일 반복되는 고통 속에서 자신이 할 수 있는 것이 너무 적다는 사실이 그녀를 더욱 절망스럽게 만듭니다. 동생의 손을 잡고 "영혜야. 언니가 여기 있어. 넌 혼자가 아니야"라고 무수히 말했겠지만, 그 말은 허공에 흩어질 뿐입니다. 그러나 인혜는 그 말조차도 언젠가 영혜에게 닿기를 바라며 계속 외쳤을 것입니다.

우리 주변에도 영혜와 같은 부서진 영혼들이 있습니다. 정신적, 육체적 고통 속에서 신음하며 도움의 손길을 기다리는 이들이 있습니다. 그들은 사회로부터 단절된 채 외로움과 절망 속에 있습니다. 그러나 우리는 얼마나 그들에게 다가가고 있을까요? 혹시 그들의 아픔을 외면하고 있지는 않은가요? 우리가 그들에게 다가가는 것은 말처럼 쉽지 않습니다. 그들의 고통은 우리에게 불편함을 주고, 우리는 그 불편함을 피하고 싶어합니다. 그것이 평범한 인간의 본능입니다. 동시에 피할 수 없는 사실이 존재합니다. 그러한 회

피는 결국 우리 자신에게도 상처를 남긴다는 사실 말입니다.

예수님은 상한 갈대를 꺾지 아니하며 꺼져 가는 등불을 끄지 아니하는 분이십니다(이사야 42:3). 우리는 그분의 제자로서 부서진 자들을 안아 주고 그들의 아픔에 함께해야 할 사명이 있습니다. 그러나 현실에서는 많은 이들이 그들을 외면하거나 무시합니다. 그들의 고통은 우리에게 불편함을 주기 때문입니다. 예수님의 사랑은 불편함을 감수하는 사랑입니다. 사랑은 상상처럼 달콤하지만은 않습니다. 현실의 사랑은 누군가의 희생을 요구합니다. 고난을 감내한 이들에게서 피어나는 것이 사랑입니다. 예수님의 사랑이 바로 그러한 사랑입니다. 우리 크리스천은 그분의 발자취를 따라 그들의 곁에 서 있어야 하는 존재입니다. 그들의 아픔에 귀 기울이고, 그들이 혼자가 아니라는 것을 느낄 수 있도록 다가서야 할 사명을 부여받은 하나님의 사람들임을 기억해야 합니다.

인혜의 행동은 우리에게 진정한 이웃 사랑이 무엇인지를 보여 줍니다. 그녀는 자신의 고통에도 불구하고 동생을 돌보며 최선을 다합니다. 동생의 아픔을 외면하지 않고, 그와 함께하려 노력합니다. 이는 단순한 가족애를 넘어선, 깊은 책임감으로 사랑을 실천합니다. 그녀는 동생의 아픔을 이해하려고 애쓰고, 그 과정에서 스스로도 고통을 끌어안습니다. 그녀의 행동은 단순한 의무를 넘어선, 진정한 사랑의 실천입니다.

우리가 잊지 말아야 할 한 가지가 있습니다. 사실 인혜는 영혜를 미워하고 있었다는 사실을 말입니다. 영혜가 일시적으로 호전되어 퇴원해 가족의 지지 가운데 지내는 것이 회복에 도움이 될 것이라는 말에 그녀는 이전에 퇴원 후 악화된 이야기를 하며 거절합니다.

"그때 그녀는 알고 있었다. 의사에게 표했던 재발에 대한 우려는 단지 표면적인 이유이며, 영혜를 가까이 둔다는 사실 자체가 불가능하게 느껴졌다는 것을. 사실은, 그 애를 은밀히 미워했다는 것을. 이 진창의 삶을 그녀에게 남겨두고 혼자서 경계 저편으로 건너간 동생의 정신을, 그 무책임을 용서할 수 없었다는 것을."

인혜의 영혜를 향한 돌봄과 사랑은 아가페적인 사랑만은 아니었습니다. 아픔을 가진 배려였습니다. 절망의 끝에서 감당하는 책임이었습니다. 크리스천에게 요구되는 사랑, 우리가 실천해야 하는 원수 사랑도 이와 같지 않을까요? 아가페 사랑이라 부르기에는 걸맞지 않는 부족한 사랑. 그러나 그 멍에를 짊어지고 살아갈 수 있는 힘을 하나님이 주시기에 감당할 수 있는 그 사랑. 작은 예수로서 책임을 다하는 사랑 말입니다. 인혜의 모습에서 우리가 짊어져야 할 사랑, 끌어안아야 할 고통을 바라보게 됩니다.

예수님께서는 마태복음 25장 40절에서 "너희가 여기 내 형제 중에 지극히 작은 자 하나에게 한 것이 곧 내게 한 것이니라"라고 말씀하셨습니다. 우리의 삶 속에서 만나는 이들 중 많은 사람들이 도움의 손길을 필요로 합니다. 그들이 우리의 작은 행동을 통해 하나님의 사랑을 느낄 수 있다면, 그것이야말로 우리의 삶이 가진 참된 의미일 것입니다.

부서진 자들을 안는 것은 쉬운 일이 아닙니다. 그것은 우리의 시간과 에너지, 때로는 우리의 마음을 요구합니다. 그 과정에서 우리는 지칠 수도 있고, 때로는 그들의 고통이 너무 커서 감당하기 어려울 수도 있습니다. 그러나 그것이야말로 예수님께서 우리에게 보여 주신 사랑의 모습입니다. 우리는 그분의 사랑을 받았기에, 그 사랑을 다른 이들에게 전해야 합니다. 그 사랑은 조건 없이 주어지는 것이며, 우리가 받을 때까지 기다리는 것이 아니라 먼저 다가가는 사랑입니다.

인혜의 이야기는 우리에게 무너진 자들을 향한 사랑과 책임의 중요성을 일깨워 줍니다. 그녀의 모습을 통해 우리는 진정한 사랑이 무엇인지, 그리고 그것을 어떻게 실천해야 하는지 배울 수 있습니다. 우리는 그 사랑을 통해 우리 주변의 이웃들이 새로운 희망을 발견할 수 있도록 도와야 합니다. 우리가 무너진 자들, 고통 가운데 있는 이들을 끌어안음으로 그들에게 큰 위로와 희망이 될 수 있습니다. 그것이 우리가 크리스천으로 세상에 존재하는 이유 중 하나일 것입니다.

내면의 불꽃

인혜는 자신의 고통을 드러내지 않습니다. 그녀는 남편의 배신으로 깊은 상처를 입었지만, 그 상처를 외부로 드러내지 않습니다. 그녀는 동생의 병환으로 인해 마음이 무너져 내리지만, 그 감정을 다른 이들에게 털어놓지 않습니다. 그녀는 묵묵히 자신의 길을 걸어가며, 다른 사람들에게 의지하지 않고 자신의 문제를 감당합니다. 책임을 짊어집니다.

이러한 조용한 힘은 어디에서 나오는 것일까요? 그것은 바로 책임감과 희생에서 비롯된 내면의 용기입니다. 인혜는 자신을 위해서가 아니라, 동생과 아들을 위해 버텨 냅니다. 그녀는 자신이 무너진다면 그들이 더 큰 고통을 겪을 것이라는 것을 잘 알고 있습니다. 그래서 그녀는 자신의 고통을 감추고 묵묵히 모든 어려움을 감당합니다. 이렇듯 인혜의 삶은 자신을 희생하며 다른 사람을 돌보는 무언의 사랑으로 가득 차 있습니다.

인혜는 가게를 운영하며 생계를 이어가지만, 그 일은 그녀에게 단순한 직업 이상의 의미를 가지고 있습니다. 그것은 그녀가 가족을 부양하고 책임을 다하는 중요한 방법입니다. 그녀는 손님들에게 친절하게 대하며, 그들이 만족하고 돌아갈 수 있도록 최선을 다합니다. 손님들의 미소와 감사의 말은 그녀에게 작은 위로가 되지만, 그녀의 마음은 늘 아들과 영혜에게 가 있습니다. 손님들의 웃음소리를 들으면서도 그녀의 생각은 항상 동생의 건강과 아들의 행복에 머물러 있습니다. 그녀에게 가게는 단순한 일터가 아니라, 가족을 위한 헌신과 사랑의 공간입니다. 그곳에서 그녀는 가족을 위한 꿈과 희망을 이어나가며 하루하루를 살아갑니다. 그렇게 버텨 냅니다.

병원에서 돌아온 후 그녀는 집에서 아들과 함께 시간을 보냅니다. 아들은 엄마의 고통을 완전히 이해할 수는 없지만, 자신의 방식으로 엄마를 위로하려 노력합니다. 아들은 엄마에게 그림을 그려 주고 함께 이야기를 나누며, 엄마의 마음을 풀어 주려고 합니다. 인혜는 그런 아들을 보며 미소를 짓지만, 그 미소 뒤에는 여전히 깊은 슬픔이 숨어 있습니다. 아들의 작은 손길과 사랑이 그녀에게는 큰 위로가 되지만, 그 깊은 슬픔은 쉽게 사라지지 않습니다. 그럼에도 이러한 순간들은 그녀에게 내면의 힘을 유지할 수 있는 중요한 요소가 됩니다. 아들과의 시간이 인혜에게는 무척 소중하며, 그 순간들을 통해 그녀는 희망을 찾습니다. 아들의 순수한 마음과 애정은 그녀의 지친 마음을 달래 주고, 다시 일어설 수 있는 힘을 줍니다.

인혜는 밤이 되면 혼자만의 시간을 갖습니다. 그녀는 창문 밖을 바라보며 깊은 생각에 잠기곤 합니다. 그녀의 머릿속에는 동생의 상태와 아들의 미래, 자신의 삶에 대한 의문 등 수많은 생각들이 교차합니다. 이러한 질문들은 쉽게 답을 찾을 수 없는 것들이지만, 그녀는 그 모든 것을 마음속에 담아 두고 다음 날을 준비합니다. 그녀는 매일 밤 자신과의 싸움을 하고, 그 결과로 얻는 고요함 속에서 다음 날의 새로운 시작을 위한 결심을 다집니다.

크리스천으로서 우리는 인혜의 조용한 힘을 본받아야 합니다. 우리의 신앙은 때로는 큰 소리로 외치는 것이 아니라, 조용하지만 확고하게 살아내는 것입니다. 예수님께서도 십자가의 길을 묵묵히 걸어가셨습니다. 그는 고통과 조롱 속에서도 자신의 사명을 완수하셨습니다. 우리의 삶 속에서 조용한 힘을 발휘하며 하나님의 사랑을 실천하는 것이 중요합니다. 이는 다른 사람들에게 보여 주기 위한 것이 아니라, 하나님에 대한 진실한 헌신에서 비롯되는 것입니다.

우리는 어려움 속에서도 하나님께 의지하며, 그 분의 뜻을 따르는 삶을 살아가야 합니다. 우리의 신앙은 눈에 보이는 성과보다는 내면의 깊은 신뢰와 순종에서 비롯됩니다. 이러한 조용한 신앙은 우리를 더욱 성숙하게 하고, 다른 이들에게 진정한 신앙의 본보기가 될 수 있습니다.

인혜의 조용한 힘은 그녀의 내면에서 우러나오는 용기와 결단에서 비롯됩니다. 그녀는 자신의 한계를 알고 있지만, 그럼에도 불구하고 포기하지 않습니다. 그녀는 다른 사람들에게 의지하지 않고, 자신의 힘으로 모든 것을 감당하려고 합니다. 그러나 이는 그녀에게 큰 부담이 되기도 합니다. 그녀는 때로는 너무나 힘이 들어 눈물을 흘리기도 하지만, 다시 일어서서 삶을 이어갑니다. 그녀는 실패와 좌절 속에서도 절망하지 않으며, 자신의 길을 꾸준히 걸어갑니다.

한강 작가는 마지막 3장의 제목을 〈나무 불꽃〉

으로 정했습니다. 처음에는 영혜의 기이한 행동과 그 내면의 아픔의 표현을 담은 것이라고 생각했습니다. 그런데 〈나무 불꽃〉의 화자인 인혜의 삶, 내면의 불꽃이 없었다면 어떠했을까 생각해 보았습니다. 그렇다면 영혜는 그나마 지금처럼 존재할 수 없었겠다는 생각과 함께 만일 인혜의 내면의 힘, 그 불꽃이 없었다면 인혜도 영혜와 다를 바 없이 무너져 내리고, 이 땅의 책임을 뒤로한 채 경계 저 너머로 나아갈 수밖에 없는 아픔을 지닌 존재였다는 생각이 듭니다. 영혜보다 인혜가 더 가엾고, 그의 삶의 쓰라림이 전해져 옵니다.

크리스천으로서 우리는 하나님께 의지하는 법을 배워야 합니다. 우리의 힘으로는 모든 것을 감당할 수 없으며, 하나님께서 우리에게 힘과 지혜를 주실 때 비로소 참된 승리를 거둘 수 있습니다. 그렇다면 어떻게 그것을 이루어갈 수 있을까요? 인혜처럼 버텨 내야 하지 않을까요? 감당할 수 있기 때문이 아니라, 감당해 내야 하기 때문에, 다만 그 힘은 우리에게서가 아니라 하나님에게, 복음으로부터 나온다는 사실을 알기에 힘이 됩니다.

우리는 인혜의 모습을 통해 인간의 한계와 그 속에서 발휘되는 용기를 볼 수 있습니다. 그러나 우리는 그 이상의 힘과 위로를 하나님께로부터 받을 수 있습니다. 하나님께서는 우리를 외롭게 두지 않으시고, 우리가 필요로 하는 순간에 힘과 평안을 주십니다. 우리의 연약함 속에서도 하나님께서 주시는 은혜와 위로가 있기에 우리는 다시 일어설 수 있습니다.

우리는 큰 소리로 외치지 않아도, 묵묵히 자신의 길을 걸어가며 하나님의 뜻을 이룰 수 있습니다. 우리의 삶 속에서 이러한 조용한 힘을 발휘하며, 하나님의 사랑과 은혜를 나타내는 크리스천이 되기를 소망합니다. 때로는 우리의 한계 앞에서 좌절할 수 있지만, 그럴 때일수록 하나님께 의지해야 합니다.

우리에게는 각자의 삶 속에서 맡겨진 사명이 있습니다. 그 사명을 감당하는 과정에서 우리는 수많은 어려움에 맞닥뜨릴 수 있습니다. 그러나 하나님께서 우리와 함께하신다는 믿음이 있다면, 우리는 어떤 어려움도 이겨 낼 수 있습니다. 하나님은 우리가 감당할 수 없는 시련을 주지 않으시며, 항상 우리 곁에서 힘이 되어 주십니다. 그분의 사랑과 은혜는 우리가 어려운 시기를 이겨 낼 수 있는 가장 큰 원동력입니다.

인혜의 이야기는 우리에게 신앙의 본질이 무엇인지, 그리고 우리가 어떻게 살아가야 하는지를 보여 줍니다. 우리는 각자의 삶 속에서 조용한 힘을 발휘하며, 하나님의 영광을 위해 살아가기를 소망합니다. 그리고 그 과정에서 서로에게 힘이 되어 주며, 하나님의 사랑을 실천하는 크리스

천이 되기를 바랍니다. 이러한 삶이야말로 하나
님께서 우리에게 바라시는 진정한 신앙의 모습
일 것입니다.

사랑보다 깊은 책임

인혜의 행동은 단순한 사랑이라는 단어로만 설명하기에는 부족합니다. 그녀는 남편의 배신에도 그에게 분노를 표출하거나 복수하려 하지 않습니다. 대신 그녀는 자신의 길을 묵묵히 걸어가며, 아들과 동생을 돌보는 데 집중합니다. 그녀의 이러한 모습은 인내와 희생의 가치를 몸소 보여 주는 예입니다. 그녀의 삶 속에서 드러나는 사랑은 그저 감정적인 차원에서 그치지 않습니다. 책임을 지고 다른 사람을 위해 희생하는 모습으로 구체화됩니다.

동생 영혜에 대한 그녀의 헌신은 더욱 놀랍습니다. 영혜는 가족들에게 큰 혼란과 고통을 안겨 주었지만, 인혜는 그녀를 끝까지 돌보고자 합니다. 이는 단순한 감정을 넘어선 깊은 책임감에서 비롯된 것입니다. 인혜는 영혜의 행동과 선택을 무조건적으로 용납하지는 못했지만, 그럼에도 그녀가 처한 상황에서 최선을 다해 돕습니다. 이러한 행동은 인간이 보여 줄 수 있는 가장 고귀한 형태의 헌신입니다. 책임감은 단순히 사랑에서 오는 것이 아니라, 상황에 대한 이해와 결단에서 비롯되기 때문입니다.

책임감은 사랑의 또 다른 이름입니다. 사랑은 때로 감정으로 시작되지만, 책임감은 의지와 결단을 요구합니다. 우리는 종종 사랑을 말하지만, 그 사랑을 책임감으로 이어가지 못할 때가 많습니다. 그러나 진정한 사랑은 책임감을 동반합니다. 책임감은 사랑의 연장선상에서 오는 것이며, 이것은 말로만 하는 것이 아닌 실천을 요구합니다. 부모가 자녀를 사랑할 때 그 사랑은 자녀를 위해 책임지는 것으로 이어집니다. 자녀의 필요를 돌보고, 그들의 안전을 지키고, 그들이 올바

르게 성장할 수 있도록 하는 모든 행동들이 바로 그 책임감의 표현입니다.

예수님은 우리를 사랑하셔서 자신의 목숨을 내어 주셨습니다. 그리고 그 사랑은 우리를 향한 책임감으로 나타났습니다. 그는 우리의 죄를 대신 짊어지시고 십자가에 달려 돌아가셨습니다. 이는 단순한 감정의 표현이 아니라, 우리의 구원을 위한 희생과 책임의 결정이었습니다. 예수님의 이러한 희생은 단순히 우리를 사랑한다는 감정적인 표현에서 멈추지 않았습니다. 그것은 행동으로 이어졌고, 그 행동은 그의 삶 전체를 바친 것이었습니다. 예수님은 우리를 위해 자신을 희생함으로써, 진정한 책임감이 무엇인지를 보여 주셨습니다.

인혜의 모습은 우리에게 사랑보다 깊은 책임의 의미를 생각하게 합니다. 채식주의자에 등장한 모든 인물들은 감정에 따라 행동했습니다. 주어진 문제를 감당하려 하지 않았습니다. 누구도 책임지지 않았습니다. 영혜의 부모조차 외면으로 문제를 회피했습니다. 다만, 최대 피해자일 수 있는 인혜는 자신의 감정에 따라 행동하지 않았습니다. 주어진 상황 속에서 자신의 책임을 다하기 위해 노력합니다. 그녀는 동생과 아들을 위해 자신을 희생하며, 그들의 필요를 먼저 생각합니다. 인혜는 감정적으로 반응하는 것이 아니라, 상황을 직시하고 그것에 대해 자신의 책임을 다하는 방식을 선택했습니다.

인혜의 책임감은 이 시대를 사는 우리 크리스천에게 요구되는 능력입니다. 진정한 사랑은 감정에만 머물지 않습니다. 책임과 희생을 동반하는 것입니다. 예수님은 감정에 따라 문제를 회피하지 않으셨습니다. 그의 사랑은 하나님의 뜻을 이루어간 책임 완수였으며 희생을 감당하는 것이었습니다. 그는 인간의 연약함과 죄악을 외면하지 않으셨습니다. 오히려 그 연약함을 자신의 것으로 받아들이시고, 우리의 구원을 위해 모든 것을 바치셨습니다.

우리는 하나님께서 주신 사명과 책임을 신실하게 감당해야 합니다. 이는 단순히 교회에서의 봉사나 예배 참석에 그치는 것이 아니라, 우리의 일상 생활 속에서 하나님의 뜻을 실천하는 것을 의미합니다. 우리의 직장, 가정, 친구 관계 속에서 하나님의 사랑을 실천하고, 우리에게 맡겨진 사명을 신실하게 감당하는 것이 중요합니다. 이러한 책임감은 우리의 삶에 깊이를 더해주고, 하나님과의 관계를 더욱 견고하게 만들어 줍니다.

이 시대를 살아가는 우리에게 필요한 것은 단순한 감정적 사랑이 아닙니다. 그것은 깊이 있는 책임감과 실천을 동반하는 사랑입니다. 우리는 우리의 이웃과 가족을 위해 책임을 지고, 그들을 위해 희생하며 하나님의 사랑을 드러내야 합니다. 우리의 삶 속에서 하나님의 뜻을 이루어가며, 작은 일에도 신실하게 책임을 다하는 모습을 보일 때, 우리는 진정한 의미의 사랑을 실천할 수 있습니다. 이러한 책임감 있는 사랑이야말로 우리의 신앙을 성장시키고, 우리의 삶을 더욱 풍요롭게 만들어 줄 것입니다.

인간다움을 붙들다

영혜는 인간으로서의 삶을 포기하고 나무가 되고자 합니다. 그녀는 현실에서의 고통과 상처를 견디지 못해, 결국 자신만의 세계로 도피합니다. 그녀는 식사를 거부하고 옷을 벗은 채로 햇빛 아래에서 마치 나무처럼 서 있습니다. 그녀에게 나무가 된다는 것은 무엇을 의미하는 것일까요? 아마도 인간으로서 짊어져야 할 책임과 고통에서 해방되는 자유로운 상태를 의미하는 것일 겁니다. 영혜의 육체적, 내면적 폭력과 소외, 현실의 무게를 피하고자 하는 내면의 절망을 반영합니다. 인혜는 그러한 영혜의 상태를 연민하면서도 그 무책임함을 용서할 수 없다 한탄합니다.

그래서였을까요? 인혜는 모든 것이 무너지는 상

황에서도 인간다움을 붙잡고 살아갑니다. 그녀는 삶의 고통 속에서도 희망을 잃지 않으며, 자신에게 주어진 역할을 성실히 수행합니다. 현실의 무게를 견디며 동생과 아들에게 사랑과 돌봄을 행함으로 책임을 신실하게 감당해 갑니다. 그녀는 어려운 상황 속에서도 자신에게 주어진 책임을 외면하지 않았습니다. 힘든 상황에서도 최선을 다해 살아갑니다.

한강 작가는 인혜의 헌신을 통해 인간다움이란 무엇인지 우리에게 보여 주려 한 것은 아니었을까요? 타인과의 관계에서 자신의 자리를 지키며 희생적으로 책임을 지는 삶을 실천하는 인혜의 모습을 통해 진정한 인간다움의 의미를 담아내는 이 소설의 주인공은 영혜라기보다 인혜라는 생각을 하게 됩니다.

우리는 여기서 질문을 던져야 합니다. 크리스천에게 인간다움이란 무엇일까요? 교회가 욕을 먹고 크리스천이 사회적 신뢰를 잃어가는 오늘의 문제가 복음의 문제가 아님을 우리는 알고 있습니다. 그렇다면 어디에서부터, 무엇이 잘못된 것일까요? 어쩌면 크리스천의 인간다움의 상실이 그 원인이 아닐까요?

크리스천의 인간다움은 하나님께서 인간에게 부여한 존엄성과 사명을 떼 놓고는 논할 수 없습니다. 우리는 하나님의 형상대로 창조된 존재로서, 그분의 뜻을 이 땅에서 이루어 가야 할 사명이 있습니다. 그런 우리에게 인간다움은 고통과 시련 속에서도 포기하지 않고, 삶을 이어가는 의지와 희망을 포함합니다. 이는 어려운 상황에서도 우리를 움직이게 하는 내적 원동력이며, 우리 삶의 목적과 의미를 찾게 해 주는 중요한 힘입니다. 우리는 때로 절망하고 포기하고 싶은 순간에 맞닥뜨리지만, 하나님의 형상으로 창조된 인간다움은 그런 순간에도 우리를 다시 일어서게 합니다. 그것은 우리의 삶에 의미를 부여하고 고통을 이겨 내며, 더 나은 존재가 되도록 인도합니다.

크리스천으로서 우리는 이 세상에서 하나님의 자녀로서의 정체성을 유지하며 살아가야 합니다. 우리는 고통과 시련 속에서도 하나님의 뜻을 따라 살며, 그분의 영광을 드러내야 합니다. 이는 결코 쉬운 일이 아니지만, 하나님께서는 우리에게 필요한 힘과 지혜를 공급하십니다. 우리가 하나님께서 맡기신 사명을 수행하는 과정에서 때로는 큰 어려움을 겪을 수도 있지만, 그분의 인도하심을 통해 우리는 그 사명을 완수할 수 있습니다. 하나님의 뜻을 따르며 살아갈 때, 우리는 자신뿐 아니라 주변 사람들에게도 희망과 용기를 전할 수 있습니다. 하나님의 자녀로서 우리는 그분의 사랑을 세상에 나타내며, 우리의 삶을 통해 그분의 영광을 나타내야 합니다.

인혜의 모습은 이러한 사명을 부여받는 크리스

천에게 인간다움의 본질을 다시 한번 생각하게 만듭니다. 그녀는 자신의 고통에도 불구하고 다른 사람들을 위해 헌신합니다. 절망의 순간에도 희망을 잃지 않고, 주어진 사명을 다하는 그녀의 모습은 깊은 인간다움과 용기를 반영합니다. 인혜는 자신의 고통을 초월하여 타인의 필요를 채우고 그들을 돌보는 삶을 살아갑니다. 그녀의 헌신과 사랑은 인간다움이란 단순히 생존하는 것이 아니라, 타인에게 의미 있는 변화를 일으키는 삶이라는 것을 일깨워 줍니다. 이는 우리가 어떻게 살아야 할지에 대한 깊은 통찰을 제공하며, 인간다움의 가치를 더욱 명확하게 합니다.

인혜의 삶은 고통과 슬픔으로 가득 차 있지만, 그 속에서도 빛나는 인간다움이 있습니다. 영혜는 고통 속에서 인간다움을 잃고 자신만의 세계로 도피하지만, 인혜는 그 고통 속에서도 인간다움을 붙잡고 살아갑니다. 영혜의 선택은 우리가 현실의 고통을 피하고자 하는 인간적인 본능을 반영하는 반면, 인혜의 선택은 그 고통을 이겨 내고 성장하려는 의지를 보여 줍니다. 우리는 고통을 피하고 싶어 하지만, 진정한 인간다움은 그 고통 속에서도 희망을 붙잡고 나아가는 것에 있습니다.

우리 삶 속에서도 이러한 선택의 순간들이 찾아올 것입니다. 우리는 고통과 시련 속에서 절망에 빠질 수도 있고, 그것을 이겨 내고 더 강해질 수도 있습니다. 크리스천으로서 우리는 하나님께 의지하며 그분의 뜻을 따르는 선택을 해야 합니다. 우리의 삶은 종종 예상치 못한 어려움과 고난으로 가득할 수 있지만, 그 순간에 우리는 하나님을 신뢰하고 그분의 인도하심을 따를 수 있습니다. 하나님께서는 우리에게 시련을 허락하시지만, 그 시련을 통해 우리를 더욱 강하고 신앙 깊은 존재로 만들어 가십니다. 우리는 하나님의 계획을 믿고, 주어진 상황에서 최선을 다해야 합니다. 그러기 위해 참된 크리스천으로서 인간다움을 잃어버린 존재가 되지 않기 위한 몸부림이 필요한 때입니다.

생각-이해 질문

1. 영혜의 상태는 사회적 소외와 고립의 극단적인 모습을 보여 줍니다. 영혜가 식사를 거부하고, 물만 마시며 나무가 되려는 행동은 정신 이상 행동처럼 보입니다. 그러나 소설에서는 단순한 정신적 이상으로만 표현하고 있지 않는 듯 합니다. 그녀의 행동은 현대 사회에서 소외된 이들이 겪는 고통과 어떤 유사성이 있다고 볼 수 있나요?

2. 영혜의 부모는 영혜의 아픔과 문제를 외면합니다. 부모의 역할과 책임이 영혜의 삶에 어떤 영향을 미쳤다고 보시나요? 가정이 인간의 성장과 고통에 미치는 힘에 대해 자신의 생각을 나눠 보세요.

3. 병원에서 영혜를 돌보던 희주는 자신의 고통에도 불구하고 영혜에게 관심을 기울였습니다. 이 행동이 보여 주는 인간 관계의 중요성과 의미를 논의해 보세요.

관계-적용 질문

1. 영혜는 가족과 사회의 외면 속에서 자신만의 세계로 도피했습니다. 오늘날 우리의 교회 공동체는 소외된 이들에게 어떻게 다가가야 하며, 어떤 태도를 취해야 할까요?

2. 인혜는 영혜를 돌보면서도 내면에 쌓인 고통을 외면하며 살았나요, 아니면 마주하려 노력했나요? 크리스천으로서 우리도 자신의 상처를 마주하고 하나님 앞에서 회복을 경험하기 위해 어떤 과정을 거쳐야 할까요?

3. 영혜의 부모는 자녀의 문제를 외면함으로써 가족의 해체를 초래했습니다. 현대 가정이 하나님 안에서 건강한 관계를 유지하려면 어떤 노력이 필요할까요?

4. 영혜의 행동은 인간 존재의 본질적 질문을 던집니다. 크리스천으로서 인간다움의 본질은 무엇이며, 이는 우리의 신앙과 어떻게 연결될까요?

에필로그

《채식주의자》 속 영혜의 이야기는 우리에게 충격과 불편함을 안겨 주었지만, 그 이면에 숨겨진 인혜의 존재는 우리에게 인간다움에 대해 생각하게 합니다. 인혜는 소설 속에서 가장 현실적이고도 인간다운 인물로 그려집니다. 그녀는 가정이 무너지고, 남편의 배신과 동생의 정신적 붕괴 속에서도 끝까지 책임을 지고자 합니다. 아무도 책임지지 않는 상황에서 인혜는 묵묵히 자신의 역할을 감당합니다. 그녀의 이러한 모습은 작가가 우리에게 던지는 인간으로 산다는 것은 무엇인가에 대한 질문에 응하는 하나의 답변이 아닐까 생각해 봅니다.

인혜는 자신이 무너질 만한 이유가 많음에도 불구하고, 마지막까지 인간다움을 붙들고 살아갑니다.

그녀는 동생 영혜를 돌보고 아들을 키우며, 자신의 삶을 포기하지 않습니다. 그녀의 내면에는 깊은 고통과 외로움이 있지만, 그럼에도 불구하고 그녀는 주변의 누구에게도 그 고통을 드러내지 않습니다. 그녀의 책임감은 의무를 넘어선 진정한 사랑의 표현입니다.

그러나 우리는 이러한 인혜와 같은 이들을 얼마나 주목하고 있을까요? 그들은 우리 주변에 존재하지만, 그들의 고통과 아픔은 종종 보이지 않는 곳에서 숨겨집니다. 그들은 도움의 손길을 기다리지만, 사회와 교회는 그들에게 무관심하거나 그들의 고통을 이해하지 못합니다. 영혜가 인간다움을 포기하고 나무가 되고자 했던 것처럼, 인혜와 같은 이들도 언제 그 마지막 손을 놓아버릴지 모릅니다. 우리가 그들의 손을 잡아 주지 않는다면, 그들은 홀로 어둠 속에서 길을 잃을 수 있습니다.

우리 크리스천들은 어떤 존재가 되어야 할까요?

잠재적 채식주의자에게 다가가 손을 내밀어야 합니다. 그들의 고통에 공감하고, 그들의 아픔을 함께 나누어야 합니다. 예수님께서는 "수고하고 무거운 짐 진 자들아 다 내게로 오라 내가 너희를 쉬게 하리라"(마태복음 11:28)라고 말씀하셨습니다. 우리는 그분의 제자로서 무거운 짐을 진 이들에게 쉼과 위로를 전해야 합니다.

우리 주변에는 '크리스천 채식주의자'들이 많이 있습니다. 그들은 신앙을 가지고 있지만, 교회와 세상에서의 상처로 인해 마음의 문을 닫고 살아갑니다. 그들은 우리에게 도움을 청하지 않지만, 사실은 누군가의 손길을 간절히 기다리고 있습니다. 우리는 그들에게 다가가 그들의 이야기에 귀를 기울이고, 그들이 혼자가 아님을 알려 주어야 합니다.

우리 주변의 영혜들과 인혜들을 위해, 이제 우리가 손을 내밀 때입니다. 그들의 고통에 함께하며, 그들이 인간다움을 잃지 않도록 우리가 그들의 빛이 되어 주어야 합니다. 그것이 예수님께서 우리에게 보여 주신 사랑의 길이며, 우리가 걸어가야 할 십자가의 길입니다.

우리는 어떻게 그들의 손을 잡아 줄 수 있을까요? 먼저 그들의 이야기에 귀 기울여야 합니다. 그들의 고통과 아픔을 이해하려 노력해야 합니다. 그리고 그들이 필요로 하는 도움을 제공해야 합니다. 그것은 물질적인 지원일 수도 있고, 정서적인 지지일 수도 있습니다. 중요한 것은 믿음 안에서 그들이 혼자가 아니라는 것을 알게 해 주고 느끼게 해 주는 것입니다.

또한 우리는 우리 자신의 삶을 돌아봐야 합니다. 우리가 혹시 인혜와 같은 이들의 고통을 외면하고 있지는 않았는지, 그들의 책임을 그들만의 몫으로 치부하고 있지는 않았는지 성찰해야 합니다. 우리의 외면 속에 수많은 '인혜들'이 인간다움의 끈을 놓아버리고 '영혜들'이 되어 왔음을 기억해야 합니다. 이미 많이 늦었지만 우리의 관심을 주변의 인혜들에게 두어야 합니다. 우리의 작은 관심과 사랑이 그들에게는 큰 힘이 될 수 있습니다.

마지막으로, 우리는 하나님께 기도해야 합니다. 우리의 힘만으로는 그들의 고통을 모두 덜어줄 수 없습니다. 그러나 하나님께서는 우리를 통해 일하심을 알고 있습니다. 우리는 그분의 도구로서 최선을 다하고, 나머지는 하나님께 맡겨야 합니다.

인혜의 모습 속에서 우리는 진정한 인간다움이 무엇인지, 그리고 크리스천으로서 어떻게 살아가야 하는지를 배웁니다. 이 책을 덮으며, 우리는 스스로에게 질문을 던져야 합니다. "나는 내 주변의 영혜들과 인혜들에게 어떤 존재인가? 나는 그들의 손을 잡아 주고 있는가? 그리고 나는 예수님의 사랑을 그들에게 전하고 있는가?" 이 질문들을 가슴에 품고, 우리 모두가 하나님의 사랑을 세상에 전하는 도구로 쓰임받기를 소망합니다.